Finance and Economics Edition- Arabic

Tafero H Arthur

لاقتصاد والمالية للمؤسسات

آرثر H تافيرو

إلى الأمام

هذا الكتاب ليس للمبتدئين. يجب أن تبدأ الطلاب ورجال الأعمال دراسة كتابي، مقدمة في الأعمال - الطبعة الثانية، قبل محاولة معالجة هذا التحليل أكثر تعقيدا.
هذا النص هو للتخصصات الأعمال في الكلية ورجال الأعمال من ذوي الخبرة الذين يرغبون في الحصول على فهم أفضل لكيفية تنافس على منصب في 8٪ من السكان التي هي ناجحة في مجال الأعمال التجارية لمدة ثلاث سنوات أو أكثر.
هناك وتحدد خطة الدرس واسعة لكلا المالية والاقتصاد الكلي (برنانكي) الواردة في هذا النص. المالية قلقة في المقام الأول مع شركات عامة الجمهور، والاقتصاد الكلي هي المعنية في المقام الأول مع المعرفة العامة من المتغيرات التي يمكن أن تؤثر على عملك سلبا أو إيجابا خلال السنة المالية.
تأكد من أنك تتقن مبادئ التسويق والمبيعات قبل محاولة فهم هذه المبادئ المعقدة. في جوهرها، والتمويل هو بسيط جدا. كنت اقتراض المال لقطاع الأعمال على أساس توقعات المبيعات في تلك الأعمال في المستقبل. يتم تأمين معظم القروض في هذا المجال، مما يعني أنك سوف طرح منزلك، صندوق التقاعد، وغيرها من الأصول من أجل تمويل عملك.
البنك ليس في الأعمال التجارية من المخاطرة. انهم يفضلون كثيرا تأخذ الأصول الخاصة بك. بعض البنوك تعيش بشكل خطير. أنها توفر القروض للشركات دون أمن 100٪. وهو ما يعني، أنهم يراهن على نجاحك. أحيانا مثل هذه البنوك تفلس نفسها.
منذ احتمالات عمل فشلها في غضون ثلاث سنوات هي 92-8، فإنه من المستحسن بشدة أن لا تستثمر جميع الأصول الخاصة بك إلى الأعمال التجارية. (المصدر: كلية وارتون لإدارة الأعمال، جامعة بنسلفانيا، بنك الصين)
الجامعة وبنك الصين وزارة القروض الصغيرة، بكين). الاحتفاظ بجزء من المدخرات الخاصة بك و / أو صناديق التقاعد آمنة لحالات الطوارئ، فقط في حالة أن تصبح جزءا من 92٪ أن تفشل.
إذا كنت مصرفي أو غيرها من الأعمال المهنية فني، فإنه لزاما عليك أن تفهم مبادئ التمويل والاقتصاد على حد سواء قبل اتخاذ القرارات المالية المعقدة.
التمويل يمكن أن تكون ممارسة مفيدة ومنتجة ومربحة، إذا مورست بشكل صحيح. يمكن أن يكون حفرة المال الذي سيكون لديك لدفع لعدة سنوات إذا لم تكن حذرا.
الاقتصاد والمتغيرات الواردة في هذا الانضباط والاستمرار على نفس الوعد لخلق الفرص المالية مع فهم المريض من المبادئ التي تنطوي عليها. أولئك الذين المضي قدما من دون فهم هذه المبادئ، المضي قدما على مسؤوليتهم الخاصة، ومن المرجح أن تصبح واحدة من 92٪.
آرثر H تافيرو

جدول المحتويات

خطط تافيرو في الدرس اليوم - المالية - نظرة عامة المالية - واحد

الدرس الأول - نظرة عامة المالية

النص المرجعي لهذا الدرس: مبادئ المالية - سكوت بيسلي، يوجين F. بريجهام

الاستشارية * * - طريقة حل لأي المجهول في أي صيغة أو الاقتصادية الإحصائية الواردة في التمويل كما يلي:

A. تحديد وفهم كل المتغيرات داخل الصيغة بعناية.

B. الصيغ التي تشمل المتغيرات الوقت نفترض أن جميع المتغيرات الأخرى ستكون ثابتة، والتي بالطبع، غير ممكن.

C. استخدام حرف و رمز لكل من المتغيرات.

D. إنشاء حساب الرياضي المنطقي لتحقيق نتيجة لتجمع من المتغيرات.

1. الأسواق المالية 4 - الخدمات المصرفية في كل من الأماكن المحلية والدولية.

2. استثمارات 4 - القرارات الأمنية من الأفراد والمؤسسات.

3. المالية الإداري 4 - البنوك وغيرها من المؤسسات التي تختار الأوراق المالية للاستثمار

4. الآثار المالية 7 - هناك آثار مالية في كل الأعمال تقريبا.

5. أسباب العولمة إدارة الأعمال 12 -

أ. التحسينات في وسائل النقل

ب. تحسينات في مجال الاتصالات

ج. التحولات السياسية ضد الحمائية

د. التكنولوجيا الجديدة

ه. الاستعانة بمصادر خارجية

وقد وقع العولمة بشكل طبيعي نتيجة التطور التدريجي للاقتصادات الدولية. نقل أفضل يسمح greatercommerce بين البلدان وداخل كل بلد. تواصل أفضل يسمح بمزيد من الصفقات المالية لتحدث داخل وخارج البلدان أيضا. نوعية هذه المعاملات كما يزيد من جودة الزيادات الاتصالات. ورغم أن الأزمة المالية العالمية الأخيرة قد حفزت جولة من الحمائية دوليا، فإن الاتجاه العام لا يزال تخفيض الحمائية في أكثر من 200 بلدا على الصعيد الدولي. تخفيض هذا المتغير يسمح لحجم التجارة أكبر وأكثر الجماع بين البلدان. تكنولوجيا جديدة تسمح الدول لتتبع مواردها أوثق وتوفير المال على نفقات المخزون. الاستعانة بمصادر خارجية تسمح الدول للاستفادة من انخفاض الأجور لعمل مماثل في بلدان أخرى وتجنب تكاليف العمالة غير الضرورية في البلدان الأم حيث تكلفة العمالة هي أكثر تكلفة بكثير.

6. مسؤوليات المدير المالي

التنبؤ والتخطيط 14 - وهذه كلها تخمينات أن توفر أساسا لبداية الخطة (أ) التي سوف تتطور إلى خطة بديلة، وفقا لنظرية اجتياز اختبار الزمن من تشاندلر استراتيجية هيكل العلاقة.

أ. الاستثمار والتمويل القرارات 14 - هل تسعى الشركة لتمويل عبر قروض طويلة الأجل؟ ماذا عن تكاليف الفائدة لتلك الاستراتيجية؟ يجب أن تمول شركة عبر الأسهم؟ ما إذا كان المخزون مقومة بأقل من قيمتها أو المبالغة؟

ب. مراقبة التنسيق و14 - النمو مع الكفاءة

ج. تحليل السوق المالي 14 - المال وأسواق رأس المال، والتضخم، والحوافز

1 HW - 1 ICA

كتابة مقال على كل من الأسئلة الهامة التالية:

1. كيف التمويل تطورت منذ القرن 20th؟

2. لماذا ينبغي علينا أن ندرس التمويل حتى لو لم يكن لدينا التخصص؟

3. كيف يمكنك تحسين القرارات المالية الشخصية من خلال دراسة التمويل؟

4. لماذا هو من المحتمل أن الولايات المتحدة فرض مزيد من القيود المالية على الأسواق المالية والشركات بعد الأزمة المالية العالمية؟

مصادر الإنترنت لهذا الدرس:

المراجع العام لجميع المحتوى

http://www.ASKMRMOVIES.com

خطط تافيرو في الدرس اليوم - المالية - موجودات مالية - اثنان
الدرس الثاني - الأصول المالية

1. الأصول ريال مدريد - 18 - عنصر ملاحظتها جسديا أو ملموس
2. الأصول المالية - 18 - وعد لتوزيع التدفقات النقدية في المستقبل
3. سندات الخزينة -19 - مباع إلى دول أو بنوك من قبل وزارة الخزانة لتمويل الحكومات
4. اتفاقيات إعادة الشراء - 19 - البنوك بيع الاستثمارات بوعد إعادة الشراء
5. الأموال الاتحادية - 19 - قروض بنك الاحتياطي
6. قبول بانكر - 19 - شركة وعد لدفع
7. التجاري. ورقة -19 - القرض الصادرة عن الشركات القوية
8. الأقراص المدمجة قابل للمساومة - 19 الفوائد المصرفية
9. اليورودولار - 19- دائع الدولار في أوروبا
10. صناديق السوق النقدي - 19 - الاستثمارات في أذون والأقراص المدمجة وغيرها من المصطلحات قصيرة
11. سندات البلدية - 19 - صدر عن الولايات والمدن
12. القروض لأجل - 19 - قروض على مدى فترات محددة
13. الرهون - 19 - قروض المنازل
14. السندات -19 - أسهم الشركة أقل مخاطرة من الأسهم
15. الأسهم الممتازة - أسهم الشركة أقل مخاطرة من الأسهم العادية - 19
16. الأسهم العادية - 19 - سهم من الأسهم محفوفة بالمخاطر
17. الأسهم المشترك 20 - جزء من شركة مملوكة من قبل الجمهور
18. القيمة الاسمية - 21 - القيمة الاسمية للسهم
19. الأرباح المحتجزة - 21- ربحية لم تدفع إلى المساهمين
20. الإضافي المدفوع في Captial - 21 - الفرق بين قضية الأسهم الجديدة والقيمة الاسمية للسهم
21. قيمة الاستحقاق - 22 - قيمة الديون يتلقى المقرض في نهاية القرض
22. اقساط الفائدة -22- المدفوعات التي تتم عن الدين
23. تاريخ الاستحقاق - 22 - اليوم الأخير يمكنك دفع الديون مع الفائدة الرئيسي إضافية
24. دعوة مخصص - 29 - الحق والمؤسسة لدفع السندات قبل تاريخ الاستحقاق

4

صندوق 25. غرق - 29 - مجموعة دفعة كل شهر لسداد السندات أقل
26. الميزات القابلة للتحويل - 30 - حق المساهم في تحويل السندات إلى أسهم
27. * تقييم بوند - 31 - التخمينات لقيمة الفعلية للسندات الشركة. ذهب العديد من السندات مصنفة AAA المفلسة خلال الأزمة المالية العالمية الأخيرة تثبت بما لا يقبل الجدل أن جميع تصنيفات السندات هي مجرد التخمينات. (انظر الدرس على بوند تقييم)
28. المخاطر سندات مجانية - 32 - سندات AAA ترشيحا خالية من المخاطر، مثل AIG، مورغان ستانلي، وميريل لينش وغيرها كل أفلست، مشيرا إلى هناك حقا لا يوجد شيء مثل السندات الخالية من المخاطر. المحللين الماليين اعتقد ان هذه السندات هي AAA وخالية من المخاطر، ولكن ذلك لا يجعل بالضرورة لهم بذلك.
29. التخفيض - 33 - إن خفض تصنيف السندات من قبل شركة استثمارية رائدة مثل ستاندرد آند بورز (وهو ما يجعل المسلم العديد من الأخطاء في كلا الاتجاهين من تصنيف، وبعض الشركات الاستثمارية المحلل الآسيوي تجاهلوا الآن تصنيفات الغربية والسندات شركة على أساس معدل معايير خاصة بهم.
30. * Derrivatives - 39 - الأصول المالية التي لها قيمة من الأصول الأخرى مثل الأسهم والسندات. هذا هو تقييم الواقع عنصر لا يقوم على ما هو عليه في الواقع يستحق، ولكن ما قد يكون من المفيد العوملة في الأسهم والسندات. مشكلة هذا الحساب هو أن الأسهم والسندات المستخدمة في إعادة حساب قيمة جديدة قد تكون مبالغ فيها بعنف (مثل ofstocks المئات وسندات الشركات التي ذهبت تحت أثناء الأزمة المالية العالمية). إذا thosestocks والسندات هي تمثيلات واقعية من هذه الأصول، فإن الأصول نفسه يصبح غير جدير بالثقة للغاية كبند المحسوب والمشتق من هذا الأصل هو مجرد تخمين البرية، بعيدا عادة مرتفعة جدا في الاتجاه الصاعد. (راجع الدرس على بوند تقييم)
31. صناديق التحوط * - 40 - صناديق التحوط هي خيارات لشراء أو بيع أحد الأصول بسعر محدد مسبقا. وهو مشابه لوضع وعملية الاتصال في سوق الأسهم. بعبارات بسيطة كنت وضعت في أمر لشراء الأسهم إذا تصل إلى 30 دولارا للسهم. اذا انخفضت أسهم إلى 20 دولارا للسهم إجراء مكالمة لبيع الأسهم الخاصة بك. في صناديق التحوط، بدلا من شراء الأسهم بسعر 30 دولارا مع PUT، يمكنك بيعه (بعد أن كنت قد اشتراها بمبلغ 20 دولارا للسهم)، ولكن كنت لا تزال تحتفظ بالحق في بيعه اذا كان يعود الى 20 دولارا. (راجع الدرس على بوند تقييم)
32. المخاطر والعائد - 43 - انظر الرسم البياني في الصفحة 43. أكبر خطر أمني، وزيادة العائد (أو خسارة).

2 HW - 2 ICA
1. مناقشة مزايا وعيوب من الديون والأسهم الممتازة من وجهة نظر المصدر.
2. مناقشة مزايا وعيوب الديون والأسهم الممتازة من وجهة نظر المستثمر.
3. كيف يتم تحويل الأوراق تستخدم لمساعدة الشركات على جمع الأموال؟
4. ما هي مزايا وعيوب تمويل الأسهم العادية؟

مصادر الإنترنت لهذا الدرس:
المراجع العام لجميع المحتوى
http://www.askmrmovies.com
الأسهم
www.money.msn.com/business-news/news.aspx
السندات
www.bloomberg.com/news/bonds/
خطط تافيرو في الدرس اليوم - المالية - الأسواق المالية - ثلاثة
الدرس 3 - عملية الخدمات المصرفية الاستثمارية والأسواق المالية
التي تجمع بين المقترضين والمدخرين الأفراد والمنظمات - 1. الأسواق المالية - 82
2. أسواق المال - 82 - الأصول المالية قصيرة الأجل
3. أسواق رأس المال - 82 - الأصول المالية طويلة الأجل
4. أسواق الدين - 82 - السندات والقروض الأخرى مثل الرهون العقارية
5. أسواق الأسهم - 82 - الأسهم والتداول
6. الأسواق الأولية - 82 - دول أو ولايات إصدار السندات
7. الأسواق الثانوية - 82 - تداول الأوراق المالية الصادرة سابقا

8. السوق المالية - 82 - المؤسسة التي تقارير أسعار الأسهم
9. متطلبات الإدراج - 82 - المعايير المطلوبة لشخص أو شركة للتجارة في البورصة المحلية أو الإقليمية
10. المصرفيين الاستثماريين - 82 - الأفراد الذين يساعدون في تعيين ثمن الاكتتابات
أنشأت وكالة لحماية المستثمرين من الغش - 82 - 11. SEC (هيئة الأوراق المالية والبورصات
82 - - 12. الدولية الأسواق المالية حصة سوق الأسهم العالمية بينما زاد الاستثمار في الأسواق الأمريكية قد انخفضت.
13. الاكتتاب العام (الاكتتاب العام) - 82 - دخول شركة صغيرة الأول في سوق الأوراق المالية.
ICA والأب 3

كتابة مقال على كل هذه الأسئلة:
1. كيف يمكن للكفاءة مساعدة سوق رأس المال للحد من أسعار السلع والخدمات؟
2. لماذا ستكون شركة الراغبة في الحصول على توزيع واسعة من أسهمها؟
3. لماذا تعتقد أن بعض الشركات تفضل أن تكون مدرجة في بورصة نيويورك بدلا من البورصة بلادهم؟
4. ما هي أنواع الشركات تدخل سوق الاكتتابات (الطرح العام الأولي)؟

مصادر الإنترنت لهذا الدرس:
المراجع العام لجميع المحتوى
moc..seivomrmksa.www// HTTP:
البورصات
www.tdd.lt/slnews/Stock_Exchanges/Stock.Exchanges.html
أسواق الدين
lmth.tekram_tbed/1322www.investorwords.com/

خطط تافيرو في الدرس اليوم - المالية - الوساطة المالية - أربعة

الدرس 4 - الوساطة المالية
1. الوساطة المالية - تحويل الأموال عن طريق إصدار الأوراق المالية الخاصة بهم وشراء الأوراق المالية من الآخرين - 117. المعروف أيضا باسم السوق الثانوية، كانت واحدة من المناطق التي خلقت مشاركة الأزمة المالية العالمية عندما بدأت بعض شركات التأمين مثل AGI لشراء الآلاف من القروض السامة التي كانت شبه مضمونة إلى الافتراضي.
2. الكفاءة الاقتصادية - 117 - جعل معظم المعاملات لأكبر قدر من المال في أقل قدر من الوقت مع أقل قدر من العمل. الإصلاحات الاقتصادية التي تتسم بالكفاءة جدا، ومع ذلك، في بعض الأحيان من التأثير السلبي للاحتيال السماح لتسود أكثر سهولة في حالات المصرفية التراخي.
3. التنويع - 117 - وجود مجموعة من الاستثمارات بدلا من استثمار جميع الأموال في المنطقة.
4. البنوك التجارية - 117 - المقرضين للشركات الكبرى. وكانت أسهم البنوك التجارية جزء كبير من Crisisbecause المالية العالمية أنهم يقدمون القروض بناء على تقديرات غير واقعية من أصول الشركات التي المبالغة صافي ثرواتهم بنسبة تصل إلى X100 من قيمتها الحقيقية.
5. اتحادات الائتمان - 117 - المقرضين الرئيسية للمستهلكين. معظم هذه البنوك لا تعاني الشديد مثل البنوك التجارية خلال الأزمة المالية العالمية. ما زالت سددت معظم القروض الشخصية في نهاية المطاف إلا إذا أعلن إفلاس الفرد.
6. التوفير المؤسسات - 117 - المقرضين الرئيسية لإيواء المشتري مع الرهون العقارية. ذبحت هذه المؤسسات المصرفية

خلال الأزمة المالية العالمية الأخيرة بسبب القروض الكبيرة التي قطعتها على المنازل التي لم تكن حقا يستحق حتى نصف الأموال التي كان يجري المعارين. عندما يكون أصحاب الرهن العقاري لا يمكن سداد القرض، البنوك ممنوع على المنازل للحصول على قروضهم إلى الوراء، ولكن كانت المنازل الآن فقط نصف ما يستحق. على سبيل المثال، إذا أعطى البنك على قرض الرهن العقاري 200000 $ على منزل مالك دفع 20000 $ و 1000 $ و بانخفاض في الشهر لمدة الرهن العقاري، وأنها قد لا تكون قادرة على دفع الرهن العقاري بعد ثلاث سنوات. الآن لديهم نظرا للبنك 36000 $ بالإضافة إلى 20،000 دولار كدفعة مقدمة لمجموع المدفوعات من 56000 $. ولكن بعد الأزمة المالية العالمية، والمنزل هو الآن فقط بقيمة 100،000 دولار، والبنك، حتى أنه يسد، ويمكن فقط الحصول على 156،000 $ إلى الخلف لأنه قرض 200000 $ ناقص نفقات بيع المنزل مرة أخرى. هذه هي جزء مما يعرف باسم القروض السامة.

7. نظام الاحتياطي الفيدرالي - 117 - البنك المركزي للولايات المتحدة التي تدير العرض النقدي واستقرار البنوك الحكومية.

التشريعات 8. المصرفية - 117 - شهدت فترات من القيود الصارمة مثل بعد الكساد العظيم وفترات تقييد فضفاضة. الفترة حتى الأزمة المالية العالمية. الآن فإن الاتجاه هو لتشديد قيود مماثلة لفترة ما بعد الكساد العظيم.

4 HW - 4 ICA

كتابة مقال على كل هذه الأسئلة:

1. لماذا هم الوسطاء الماليين مفيدة؟
2. لماذا يجب أن تحافظ البنوك ثقة الجمهور؟
3. لماذا هو تحرير البنوك خطيرة بالنسبة للمستهلكين؟
4. كيف البنوك الامريكية تختلف عن البنوك في الدول الأخرى؟

مصادر الإنترنت لهذا الدرس:

المراجع العام لجميع المحتوى

http://www.askmrmovies.com

يعمل على البنوك

www.investopedia.com

تحرير البنوك

www.ehow.com

خطط تافيرو في الدرس اليوم - المالية - تكلفة الأموال (الفائدة) - خمسة

الدرس الخامس - تكلفة الأموال (الفائدة)

تصوير من تشديد لوائح الإقراض الأول

1. الدولار العائد - 139 - الدخل المدفوعة من قبل المصدر أو التغير في قيمة الموجودات المالية في السوق المالي
2. الفائدة - 139 - سعر تأجير المال.
3. تكلفة العوامل المال (الفائدة) - 139

أ. فرص الإنتاج

ب. تفضيلات الوقت للاستهلاك

ج. خطر

د. التضخم

وتحسب هذه المتغيرات الأربعة لخلق سعر الفائدة

4. هيكل مدة أسعار الفائدة - 139 - العلاقة بين العوائد على السندات وتواريخ استحقاق الأوراق المالية.
5. منحنى العائد - 139 - وهو مؤشر يستخدم المتغيرات مثل الطلب على الأموال القصيرة الأجل والتضخم.
6. سعر الفائدة تأثير - 139 - أسعار الفائدة تؤثر على أسعار سوق الأسهم. ارتفاع أسعار الفائدة تبطئ النمو والأسهم priceincreases.

نظرية تفضيل السيولة 7. - 135 - السندات طويلة الأجل وعادة ما يكون أعلى من عوائد السندات قصيرة الأجل.

8. نظرية تجزئة السوق - 135 - كل المقرض والمقترض لديها النضج المفضل. بعض العملاء يفضلون القروض قصيرة

الأجل والبعض يفضل أن يكون فترة سداد أطول.

نظرية التوقعات 9. - 134 - تخمين المهنية حول منحنى العائد على أساس معدلات التضخم المستقبلية

10. التضخم بريميوم - 129 - نظير تكلفة إضافية في سعر الفائدة على أساس تخمين المهنية أن التضخم سوف يؤدي إلى تآكل الاستثمار. وتجدر الإشارة إلى أن هناك نادرا خصم الانكماش أو تخفيض سعر الفائدة على أساس تخمين المهنية التي الانكماش سوف يزيد من قيمة الاستثمار.

ICA والأب 5

كتابة الأسئلة المقالية التالية:

1. كيف تؤثر أسعار الفائدة في سوق الأسهم؟
2. كيف أسعار الفائدة تؤثر على سوق العقارات؟
3. لماذا كل عائدات مجرد تخمينات المهنية؟
4. في رأيك، هل تؤثر أسعار الفائدة في سوق الأسهم أو تفعله أداء سوق الأوراق المالية يؤثر على أسعار الفائدة. لماذا؟

مصادر الإنترنت لهذا الدرس:
المراجع العام لجميع المحتوى
http://www.askmrmovies.com
أسعار الفائدة
www.stockcharts.com/charts/YieldCurve.html
غلة
www.investopedia.com

خطط الدروس تافيرو من اليوم - المالية - منظمات الأعمال والضرائب
الدرس 6 - منظمات الأعمال والبيئة الضريبية -6-

أصحاب الأعمال الصغيرة "عرض من مصلحة الضرائب"

1. مؤسسة 149 - الأعمال التجارية الفردية التي يملكها oneindividual
المزايا:
أ. شكلت بسهولة
ب. غير مكلفة
ج. اللوائح الحكومية القليلة
د. ضريبة كفرد، وليس كشركة
العيوب:
أ. المسؤولية الشخصية غير محدودة
ب. صعوبة الحصول على رؤوس الأموال
ج. صعوبة في نقل ملكية
د. تقتصر على حياة الفرد
2. الشراكة 150 - نفس ملكية إلا أنها تمتلك اثنين أو أكثر من أصحاب
المزايا:
أ. شكلت بسهولة
ب. غير مكلفة

ج. اللوائح الحكومية القليلة
د. تخضع للضريبة بصورة فردية، وليس كشركة
العيوب:
أ. مسؤولية غير محدودة للمالكي
ب. حياة محدودة للشركة
ج. صعوبة نقل ملكية
د. صعوبة في جمع مبالغ كبيرة من رأس المال
شركة 3. 151 - والشركة هي كيان قانوني أوجدتها الدولة. فمن مستقل ومتميز عن أصحابها والمديرين.
المزايا:
أ. ويمكن أن تستمر الشركة بعد أن أصحابها الأصليين ومديري يموت، لذلك فقد الحياة غير محدودة.
ب. ويمكن تقسيم حصص ملكية في سهم من الأسهم ويمكن نقل تلك الأسهم.
ج. هناك مسؤولية محدودة في الشركات. مسؤوليتك يقتصر بدقة على الاستثمار الخاص.
العيوب:
أ. أرباح الشركات تخضع لمنع الازدواج الضريبي. يتم حساب ضريبة الشركات وضريبة ثم يتم .individualearnings
ب. الأوراق والصيانة هو أكثر صعوبة بكثير من الملكيات أو الشراكات.
4. ميثاق الشركات - 151 - يتضمن اسم الشركة، وأنواع من الأنشطة، كمية الأسهم رأس المال، وعدد من مدراء، وأسماء وعناوين أعضاء مجلس الإدارة.
5. عمليات الاستحواذ العدائية - 158 - الشركات ذات الأسهم مقومة بأقل من قيمتها المشتراة من قبل شركة أخرى.
6. السموم حبة - 158 - الأساليب المستخدمة من قبل الشركات التي تواجه عمليات الاستحواذ العدائية لتجنب استيلاء عدائي.
7. Greenmail - 159 - دفع قسط مرتفع للأسهم المكتسبة من قبل وكيل استحواذ محتمل
8. أصحاب المصلحة - 160 - الموظفين والعملاء والموردين والمساهمين.
9. البيئة الخارجية - 161 - العوامل خارج الشركة التي تؤثر على سعر السهم
أ. قوانين
ب. البيئة
ج. الاحتياطي الاتحادي
د. الاقتصادات الدولية
ه. الاقتصاد الوطني
10. عامل التقييم الخارجي (EFE) - تقييم الرياضي من العوامل الخارجية.
11. أخلاقيات الأعمال - مدونة لقواعد السلوك في معظمها وهمي لرجال الأعمال. معظم الأخلاق في الأعمال التجارية هي الثانوية إلى الأرباح.
12. الشركات المتعددة الجنسيات
أ. دخول أسواق جديدة
ب. الحصول على المواد الخام إضافية
ج. اكتشاف تقنيات جديدة
د. تحسين كفاءة
ه. تجنب المشاكل السياسية
مشاكل الشركات متعددة الجنسيات
أ. صرف العملات
ب. القوانين الأجنبية
ج. مشاكل اللغة
د. الاختلافات الثقافية
ه. تدخل الحكومة
13. الأرباح الرأسمالية العادية مقابل 170 الدخل - الدخل العادية وعادة ما يكون الراتب. المكاسب الرأسمالية هي الأرباح المحققة على رأس المال المستثمر خلال الفترة من الضريبة سنة واحدة. إذا كنت تشتري الأسهم لمدة 20 وغني إلى 40، يجب عليك دفع مبلغ X من الدولارات من الضرائب على صافي الربح الخاص بك.

14. ضرائب الشركات - 172 - انه من الاسهل بكثير لتجنب دفع الضرائب في شركة من الدخل fromordinary. هناك عدد هائل من الخصومات للشركات التي لا يسمح للأفراد.
ICA والأب 6

كتابة مقال عن هذه الأسئلة:
1. كيف الملكيات والشراكات والشركات تختلف؟
2. كيف الضرائب تختلف من الأجراء إلى الناس الذين يستثمرون في الأسهم؟
3. كيف يمكنك أحيانا منع استحواذ؟
4. كيف الشركات المتعددة الجنسيات تختلف عن الشركات المحلية؟

مصادر الإنترنت لهذا الدرس:
المراجع العام لجميع المحتوى
http://www.askmrmovies.com
Mulitnationals
www.investopedia.com
هيكل الضرائب في الولايات المتحدة
dit&2ttype=؟www.mitpress.mit.edu/catalog/item/default.asp

خطط تافيرو في الدرس اليوم - المالية - القوائم المالية - سبعة
الدرس 7 - القوائم المالية

1. بيان الدخل - 189 - وثيقة تبين الأرباح والخسائر الصادرة في أي مكان من مرة في الشهر إلى مرة واحدة في العام، ولكن الأكثر شيوعا كل ثلاثة أشهر.
2. الميزانية العمومية - 190 - وثيقة تبين المركز المالي للشركة في لحظة زمنية معينة.
3. بيان الأرباح المحتجزة - 193 - وثيقة تبين دعوى ضد الأصول. وارتفاع أو انخفاض الأرباح المدورة، وارتفاع أو انخفاض التوزيعات النقدية المدفوعة للمساهمين.
4. بيان التدفقات النقدية - 195 - هذه الوثيقة يحلل حصرا حيث جاء النقد من وأين ذهب.
5. السائل الأصول - 199 - أحد الأصول التي يمكن تحويلها بسهولة إلى نقد دون خسائر كبيرة.
6. نسب السيولة - 199 - وثيقة تبين كم من أصول الشركة السائلة بالمقارنة مع مجموع أصولها.
7. اختبار حمض - 201 = الموجودات المتداولة - المخزون / الخصوم المتداولة

10

8. الأصول الثابتة معدل دوران السهم - 203 = المبيعات / صافي الأصول الثابتة
9. إجمالي الموجودات معدل دوران السهم - 204 = المبيعات / اجمالي الموجودات
10. الرفع المالي - 204 - ممارسة الأعمال غير صحية من أخذ قروض غير الضرورية من أجل تقليل المبلغ المدفوع للمساهمين كأرباح. يتم ذلك لأن أرباح خاضعة للضريبة والفائدة على القرض هو لا. هذا هو termsolution قصيرة الكلاسيكية إلى مشكلة طويلة الأجل التي غالبا ما ينتهي بها المطاف في الفوضى.
نسبة 11. الدين - 205 - آخر عدد غير صحي إذا كانت عالية جدا. وتقيس هذه الوثيقة إجمالي الديون / مجموع الموجودات. نسب منخفضة هي شركات صحية ونسب عالية هي شركات يعيشون على الحافة.
12. تايمز الفائدة المكتسبة (التعادل) 206 = نسبة الأرباح قبل الفوائد والضرائب (TIBE) / رسوم الفائدة
13. نسب الربحية - 207 = هامش صافي الربح (الربح لكل دولار من المبيعات) = صافي الدخل / المبيعات
14. العائد على إجمالي الأصول - 208 = صافي الدخل / مجموع الموجودات
15. العائد على حقوق المساهمين الموحد - 208 = صافي الدخل إلى حملة الأسهم المشتركة / حقوق المساهمين المشتركة من المساهمين
16. السعر / أرباح (EP) نسبة - 209 - ربحية السهم الواحد = صافي الدخل إلى المساهمين / عدد الأسهم من الأسهم العادية
17. القيمة الدفترية للسهم - 209 - إجمالي المشتركة حصة الملكية / عدد الأسهم القائمة
18. السوق / الدفترية - 210 - سعر السوق للسهم الواحد القيمة / الدفترية للسهم.
19. تحليل الاتجاهات - 211 - أداة قياس قيمة في شكل رسم بياني يبين أداء الشركة الخاصة بك فيما يتعلق بقية الصناعة (أو الكعكة).
ICA والأب 7
الإجابة على هذه الأسئلة المقالية:
1. كيف ميزانية تعطي لنا صورة من الشركة؟
2. كيف بيان التدفقات النقدية تعطي لنا صورة عن كيفية استخدام النقدية في الشركة؟
3. لماذا هي الأصول السائلة أهمية إلى شركة؟
4. لماذا يجب أن نعرف نسبة ديون الشركة قبل الاستثمار فيها؟
مصادر الإنترنت لهذا الدرس:
المراجع العام لجميع المحتوى
http://www.askmrmovies.com
الميزانيات العمومية
www.investopedia.com
تقارير ربع سنوية
lmth.troper_ylretrauq/4004www.investorwords.com/

خطط الدروس تافيرو من اليوم - المالية - التخطيط المالي والرقابة - ثمانية
الدرس 8 - التخطيط المالي والرقابة

1. D & R يجب أن يكون الجزء الأهم من أي إسقاط المالي أو تخمين. ينبغي إجراء أبحاث مستفيضة قبل وضع الخطة (أ) حيز التنفيذ. وحتى على الرغم من هذا البحث، سوف تفشل الخطة (أ) عند نقطة معينة وسوف خطة B الجدد لإجراء تعديلات لحسابات خاطئة من خطة .A (وليس في كتاب)
2. جميع التوقعات والخطط ليست أكثر من تخمينات المهنية. لا أحد يستطيع أن يرى المستقبل حتى ليوم واحد، على الرغم من أن بعض المخططين الماليين غير أخلاقي ترغب في اعطاء الانطباع بأن أعدادهم مضمونة أو مضمونة تقريبا. وأود أن وضع التركيز على البرهان، وليس الأحمق الذي تتوقع بأنها مضمونة. (وليس في كتاب)
3. تحليل التعادل - 245 - نقطة حيث المبيعات تغطي نفقات التشغيل.
4. الرفع المالي - 254 - الزيادة أو النقصان في صافي الربح يؤثر الخطط المستقبلية.
5. الموازنة النقدية - 259 - الميزانيات الشهرية تهدف إلى monitorcash تدفق والمصروفات.
6. التخطيط المالي 265 - التوقعات (التكهنات) من المبيعات، incomesand الأصول وكذلك المطلوبات

الرقابة المالية 7. - 265 - طريقة بدء خطة B الخطة (أ) عندما يحتاج حتما التعديل.
8. الرافعة التشغيل - 266 - مدى التكاليف الثابتة داخل العملية للشركة.
9. درجة من النفوذ التشغيل (وزارة العمل) - 266 - يشير إلى مدى التغير في المبيعات ستؤثر على الدخل التشغيلي
10. درجة الرفع المالي - 266 - يدل على مدى تغير في EBIT سيؤثر .EPS
11. مجموع الرافعة المالية - 266 - مدى وجود مجموع التكاليف الثابتة (التشغيل والمالية) في عملية للشركة.
12. درجة من مجموع الرفع المالي (LTD) - 266 - يدل على مدى الزيادة أو النقصان في المبيعات سوف يؤثر على ربحية السهم.

ICA والأب 8
كتابة مقال عن كل من هذه الأسئلة:

1. اشرح كيف سيتم تضخيم الأرباح والخسائر للشركة مع ضغط التشغيل عالية.
2. اشرح كيف سيتم تضخيم الأرباح والخسائر للشركة مع الرافعة المالية العالية.
3. كيف ستتأثر نقطة التعادل بواسطة هذه المتغيرات الأربعة؟
أ. الزيادة في سعر البيع
ب. انخفاض في تكاليف العمالة
ج. إصدار سندات جديدة
د. انخفاض في تكاليف التشغيل الثابتة
4. لماذا ينبغي إنشاء الميزانيات النقدية؟

مصادر الإنترنت لهذا الدرس:
المراجع العام لجميع المحتوى
http://www.askmrmovies.com
الرافعة المالية العاملة
www.accountingformanagement.com/operating_leverage.htm
الرافعة المالية
www.investopedia.com

خطط الدروس تافيرو من اليوم - المالية - تثمين - تسعة
الدرس 9 - مفاهيم التقييم

1. تقييم أساسية - 340 - وعلى أساس القيمة الحالية للتدفقات النقدية التي يتوقع الأصل أن تنتج في المستقبل.
2. بوند تثمين - 341 - يتم تحديد سعر السوق السندات من قبل التدفقات النقدية التي يحققها.
3. نموذج - 342 - معادلة أو مجموعة من المعادلات تهدف الى اظهار كيف تؤثر المتغيرات واحد أو أكثر من بعض المتغيرات الأخرى. جميع النماذج قابلة للتقادم الزمن، وهو ما يعني، فهي التخمينات حول مستقبل على أساس عدد من المتغيرات X X لفترة من الزمن.
4. الفائدة العائد - 347 - المعروف أيضا باسم العائد الحالي، هو الفائدة المدفوعة على السندات
5. أرباح رأس المال العائد - 347 - نسبة الربح أو الخسارة في قيمة الاستثمار. على سبيل المثال، قد يكون الرهن العقاري على منزل اشتريت 100،000 دولار بعد الأزمة المالية العالمية لا يزال 50000 $ إذا كنت تدفع من نصف الرهن العقاري، ولكن إذا وتبلغ قيمة المنزل الأن على 70،000 $، هل سيكون اتخاذ خسارة مكاسب رأس المال على الاستثمار الخاص إذا كنت بيعها ل70،000 $.
6. خصم بوند - 349 - السندات التي تبيع أقل من القيمة الاسمية عندما ترتفع أسعار الفائدة.
7. قسط بوند - 349 - السندات التي تبيع فوق القيمة الاسمية لها عندما تنخفض أسعار الفائدة.
8. العائد حتى الاستحقاق - 349 - متوسط معدل العائد حصل على السندات إذا عقد على النضج.
9. سعر الفائدة الأسعار المخاطر - 353 - مخاطر التغيرات في أسعار السندات عندما تتغير أسعار الفائدة
10. الفائدة إعادة الاستثمار نسبة المخاطر - 354 - خطر أن الدخل من السندات ستختلف عندما كنا إعادة الاستثمار في أنه عندما rateschange الفائدة.

11. سعر السوق - 358 - السعر الذي تبيع الأسهم في سوق الأسهم.
12. القيمة الجوهرية - 358 - القيمة الفعلية من الأسهم في سوق الأوراق المالية استنادا إلى تقييم ميزانيتها العمومية.

معدل النمو 13. - 358 - المتوقع (تخمين) التغير في أرباح السهم الواحد من الأسهم. هذا يمكن أن يكون سلبيا أيضا.
14. معدل العائد المطلوب - 359 - ما يتوقع مشتري أن يحصل من المخزون؛ هذا هو تخمين آخر.
15. أرباح رأس المال العائد - 359 - الزيادة أو الخسارة للسهم على مدى سنة واحدة. هناك العديد من نماذج مشكوك أن سد العجز في قيمة كل من المتغيرات التي تنطوي عليها، ولكن كل من متغيرات ومرور وقت غير مؤكدة وذلك لتقديم أي من هذه النماذج الاقتصادية ليس أكثر من مجرد تخمين. منذ استثماراتها على فترات مختلفة من الزمن، كلها تخمينات محضة (لأنه لا يمكن لأحد أن يتنبأ المستقبل حتى ليوم واحد).
ICA والأب 9
إذا انخفض المخزون الخاص بك من 50 دولارا الى 5 دولارات، هل
أعتقد حقا خيارات الأسهم الخاصة بك هي قيمة؟
كتابة مقال عن كل من هذه الأسئلة:
1. كيف تحدد قيمة الأصول؟
2. كيف تقيمون الأسهم قبل شرائها؟
3. كيف أسعار الأصول الحقيقية تختلف عن الأصول المالية؟
4. لماذا كل النماذج الاقتصادية والصيغ التي تتضمن الوقت مجرد تخمينات؟
مصادر الإنترنت لهذا الدرس:
المراجع العام لجميع المحتوى
http://www.askmrmovies.com
اليقين من فشل الخطة (أ) (جميع النماذج الاقتصادية)
http://www.factoidz.com - تافيرو اليقين من فشل الخطة (أ)
النماذج الاقتصادية
www.econmodel.com/classic

خطط تافيرو في الدرس اليوم - المالية - المخاطر ومعدل العائد - عشرة
الدرس 10 - المخاطر ومعدلات العائد
1. المخاطر - 384 - فرصة النتيجة غير ستحدث واحد المتوقع
2. الاحتمالات - 385 - فرصة أن الحدث سوف يحدث. ويستند هذا تكهنا ويعد في المستقبل تخمين هو على الأرجح تخمين سوف تكون غير دقيقة بشكل فاضح.
3. المعدل المتوقع للعائد - 387 - وهذا هو المتوسط المرجح لقاعدة النتائج على الاحتمالات. من المرجح أن تكون غير دقيقة أطول في المستقبل من المتوقع أنها هذه التخمينات.
4. توزيع الاحتمالية المتقطعة - 388 - عدد possibleoutcomes محدود أو محدود. وهذا يسمح لنتائج أكثر دقة من تخمين أن لديه إمكانيات لا نهائية.
5. التوزيع الاحتمالي المستمر - 388 - عدد possibleoutcomes هو لانهائي، وبالتالي فإن احتمال حدوث نتائج دقيقة من تكهنا هو أقل احتمالا بكثير من توزيع الاحتمالات منفصلة.
6. الانحراف المعياري - 389 - متغير الإحصائي الذي يقيس ضيق أو تباين مجموعة من النتائج. عندما SD صغيرة، هي النتيجة الأكثر ترجيحا، عندما كانت كبيرة، ونتائج أكثر مؤكدة.
كره المخاطر 7. - 394 - تسعى مخاطر أقل في مقابل عوائد أقل
8. المخاطر قسط - 394 - تلقي عائدات أعلى لأخذ مخاطر أكبر
9. مخاطر المحفظة - 395 - من الناحية المثالية، ينبغي أن تكون مطابقة محفظة لعمر واحتياجات المستثمر. يمكن للمستثمرين الصغار يستغرق مزيدا من المخاطر وكبار المستثمرين تسعى مخاطر أقل.

10. العائد المتوقع - 396 - تكهنا على ما يجب أن تستفيد من مخزون.
11. معدل العائد المحقق من - 396 - الأرقام الفعلية لعودتك، والتي تختلف من التخمينات تعليما جيدا أكثر من 50٪ من الوقت. أحيانا الأرقام الفعلية تختلف بقدر أكثر من 90٪ من الوقت في الأسواق أسفل.
المخاطر 12. شركة محددة - 402 - الاستثمار في الأسهم واحد فقط
مخاطر السوق 13. - 402 - العوامل الخارجية التي تؤثر على جميع الاستثمارات (الأزمة المالية العالمية)

10 HW و ICA

الإجابة على هذه الأسئلة المقالية:
1. كيف معدل العائد المتوقع ومعدل العائد المطلوب على الأسهم مختلف؟
2. كم مصداقية يجب أن تعطي الحسابات الاحتمالية لتقييم الزيادة المتوقعة للسهم؟
3. كيف نستطيع أن نقيم خطر؟
4. لماذا يجب علينا محفظة متوازنة؟

مصادر الإنترنت لهذا الدرس:
المراجع العام لجميع المحتوى
http://www.askmrmovies.com
خطر
www.investorguide.com/igu مادة-823-الأسهم أساسيات قياس واحد في stock&rsq ...
محفظة متوازنة
mth.102404aa/.../1www.beginnersinvest.about.com/od/assetallocation

خطط تافيرو في الدرس اليوم - المالية - تكلفة رأس المال - أحد عشر

الدرس 11 - تكلفة رأس المال

يكلف المال المال

الاستشارية * - طريقة حل لأي المجهول في أي صيغة أو الاقتصادية الإحصائية الواردة في التمويل كما يلي:
E. تحديد وفهم كل المتغيرات داخل الصيغة بعناية
F. الصيغ التي تشمل المتغيرات الوقت نفترض أن جميع المتغيرات الأخرى ستكون ثابتة، والتي بالطبع، غير ممكن.
G. استخدام حرف أو رمز لكل من المتغيرات
H. إنشاء حساب الرياضي المنطقي لتحقيق نتيجة لتجمع من المتغيرات.
1. دينار كويتي 435 = ذكر سعر الفائدة على الديون للشركة على أساس قبل خصم الضرائب
2. 435 KDT = تكلفة العنصر بعد خصم الضرائب من الديون، حيث T هو معدل الضريبة الهامشية للشركة
3. دائرة شرطة كوسوفو 435 = تكلفة المكونة من الأسهم الممتازة.
4. كانساس 435 = تكلفة المكون من الأرباح المبقاة.
5. هيكل رأس المال - 436 - مزيج أو خليط من أنواع مختلفة من العاصمة التي يستخدمها شركة
6. بعد الضريبة تكلفة الدين (TDK) - 437 - تكلفة الديون الجديدة أقل للخصم من الضرائب التي يتم استخدامها لحساب المتوسط المرجح لتكلفة رأس المال. (CCAW)

7. تكلفة المفضلة المالية (دائرة شرطة كوسوفو) - 438 - معدل العائد التي يحتاجها المستثمرين في الأوراق المالية للشركة المفضل.
8. تكلفة الأرباح المحتجزة (كانساس) - 439 - معدل العائد المطلوب من قبل المساهمين على الأرباح التي تحتفظ بها الشركة لإعادة استثمارها.
9. التعويم - 443 - النفقات التي تكبدتها عند إصدار أوراق مالية جديدة.
10. التكلفة الحدية لرأس المال - 446 - تكلفة الحصول على دولار واحد من رأس المال الجديد باستخدام المتوسط المرجح
11. التكلفة الحدية لرأس المال الجدول - 446 - رسم بياني يظهر متوسط التكلفة المرجحة للشركة من كل دولار جديد لرأس المال التي أثيرت.
12. بريك بوينت - 449 - القيمة الدولارية لرأس المال الجديد التي يمكن أن تثار قبل حدوث زيادة في متوسط التكلفة للشركة المرجح لرأس المال.

11 HWو ICA

الإجابة على هذه الأسئلة المقالية:

1. كيف سيؤثر على معدل الضريبة على الشركات أقل KDT، KS وWACC؟
2. كيف أن شركة زيادة نسبتها توزيع أرباح تؤثر KDT، KS وWACC؟
3. كيف توسع الشركة في منطقة خطرة جديدة تؤثر KDT، KS وWACC؟
4. كيف أن قاعدة المستثمرين أكثر تحفظا في شركة تؤثر KDT، KS وWACC؟

مصادر الإنترنت لهذا الدرس:

المراجع العام لجميع المحتوى

http://www.askmrmovies.com

KDT

www.financial-dictionary.thefreedictionary.com/Cost+of+Debt

WACC

www.investopedia.com/terms/w/wacc.asp

خطط دروس في تافيرو - الميزانية الرأسمالية - - المالية اثنا عشر

الدرس 12 - الميزانية الرأسمالية

كم من الكعكة سوف تحصل؟

1. الميزانية الرأسمالية - 474 - عملية التخطيط expendituresof الأصول التي من المتوقع أن تتجاوز سنة واحدة التدفق النقدي.
2. القرارات استبدال - 475 - القرارات حول ما إذا كان لشراء الأصول الرأسمالية (المعروف أيضا باسم الأصول الثابتة) للحفاظ على الإنتاج.
3. القرارات التوسع - 475 - القرارات حول ما إذا كان لشراء الأصول الرأسمالية وإضافتها إلى الأصول الموجودة.
4. المشاريع المستقلة - 475 - المشاريع التي لا تتأثر قبول مشاريع أخرى التدفقات النقدية.
5. المشاريع يستبعد بعضها بعضا - 476 - وهناك مجموعة من المشاريع حيث يعني قبول مشروع واحد أن مشاريع أخرى لا يمكن قبوله.
6. التدفقات النقدية - 477 - النقدية الفعلية، في مقابل الأرباح المحاسبية التي تتلقى شركة أو تدفع خلال فترة محددة.
7. تزايدي التدفقات النقدية - 478 - التغيير في صافي التدفق النقدي للشركة الناتجة عن مشروع استثماري.
8. غرقت التكلفة - نفقة نقدية التي سبق أن قضى والتي لا يمكن استردادها - 479.
9. الفرص التكلفة - 479 - العائد على أفضل استخدام بديل للأصل.
10. العوامل الخارجية - 479 - الطرق التي قبول مشروع يؤثر على التدفقات النقدية في جزء آخر من الشركة.
11. الأولية الاستهلاكية الاستثمار - 480 - النقدية الإضافية flowsassociated مع المشروع الذي سوف يحدث فقط في بداية حياة المشروع.
التدفقات النقدية التشغيلية 12. تزايدي - 480 - التغيرات في التدفقات النقدية يوما بعد يوم أن تنجم عن شراء مشروع رأس المال وتستمر حتى يتصرف الشركة من الأصول.
13. محطة التدفقات النقدية - 481 - التدفق النقدي الصافي الذي يحدث في نهاية حياة المشروع.

14. فترة الاسترداد - طول الوقت قبل أن التكلفة الأصلية للاستثمار وتعافى من التدفقات النقدية المتوقعة.
15. معدل العائد المطلوب - 494 -EHT سعر الخصم (تكلفة التمويل) إلى أن معدل العائد تزايدي (RRI) يجب أن يتجاوز لمشروع يعتبر مقبولا.
16. أنواع المخاطر - (502-503)
أ. الوقوف وحده المخاطر - مخاطر الأصول الوحيد للشركة
ب. مخاطر الشركات - خطر المساهم في
ج. المخاطر بيتا - خطر على المشروع الذي لا يمكن القضاء عليه من خلال التنويع
د. المخاطر Scernario - تحليل وهمي من السيناريوهات المختلفة لخطر
ه. أسوأ حالة السيناريو المخاطر - تحليل أسوأ توقعات القيم *
و. أفضل سيناريو المخاطر - تحليل أفضل القيم توقعات
ز. قاعدة حالة السيناريو المخاطر - تحليل أن يقاس على قيمة توقعات ثابتة
ح. سعر الصرف المخاطر - 507 - حالة عدم اليقين المرتبطة سعر عملة واحدة مقابل سعر عملة أخرى
ط. المخاطر السياسية - 508 - المخاطر المرتبطة الاستقرار السياسي في البلد الذي يتم تنفيذ المشروع.

12 HWو ICA

الإجابة على هذه الأسئلة المقالية:
يتم القضاء 1. التكاليف لماذا غرقت من تحليل الميزانية الرأسمالية؟
2. كيف يتم استرداد صافي رأس المال العامل في نهاية حياة المشروع؟
3. كيف تختلف أنواع المخاطر؟
4. كيف تفعل الشركات تقييم المخاطر؟
مصادر الإنترنت لهذا الدرس:
المراجع العام لجميع المحتوى
http://www.askmrmovies.com
خطر
www.investopedia.com
تحليل المشروع
www.intaver.com/index-whitepapers.html

خطط تافيرو في الدرس اليوم - المالية - هيكل رأس المال - ثلاثة عشر
الدرس 13 - هيكل رأس المال وتوزيعات القرارات السياسية
إعادة استثمار الأرباح غير فعال الثروة باني
1. هيكل رأس المال - 526 - الجمع بين الدين والأسهم usedto تمويل الشركة.

2. هيكل الهدف كابيتال - 527 - مزيج من الدين فضل stockand الأسهم العادية التي تخطط الشركة لتمويل استثماراتها.
3. مخاطر الأعمال - 528 - إن المخاطر المرتبطة التوقعات من عوائد الشركة المستقبلية على الأصول (التخمينات، وغالبا ما خاطئ) إذا كانت الشركة تستخدم أي دين.
4. المتغيرات مخاطر العمل - 529
أ. مبيعات التغير - (الحجم والسعر) - للمبيعات وحدة أكثر استقرارا (حجم) وأسعار منتج الشركة، وانخفاض المخاطر
ب. المدخلات الأسعار التغير - العمل، والاختلافات تكلفة المنتج ومنخفضة المخاطر عندما مستقرة وعالية المخاطر عند غير مستقرة
ج. القدرة على ضبط الأسعار الناتج عن التغيرات في أسعار المدخلات - وكنت أسرع يمكن رفع أو خفض الأسعار الخاصة بك فيما يتعلق تكاليف مدخلاتها، وأقل المخاطر التي تترتب
د. تعمل مخاطر الرافعة المالية - أصول ثابتة لا تتغير بالسرعة التغييرات المنتج، حتى لا يكون هناك المزيد من المخاطر التي تعلق عليها بسبب افتقارها إلى السيولة.
5. المخاطر المالية - 530 - الجزء المساهمين خطر، علاوة على مخاطر الأعمال الأساسية.
6. الرفع المالي - 530 - إلى أي مدى الأوراق المالية ذات الدخل الثابت (الديون والأسهم الممتازة) وتستخدم في هيكل رأس المال للشركة.
7. تايمز الفائدة المكتسبة (التعادل) التموينية - 541 - وهي النسبة التي تقيس قدرة الشركة على الوفاء بالتزاماتها ذلك الفائدة السنوية.
8. متماثل المعلومات - 544 - إن الحالة التي المستثمرين والمديرين لديهم معلومات متطابقة.
9. المعلومات غير المتماثلة - 544- الوضع الذي المستثمرين ليس لديهم نفس المعلومات أن مديري و(غير مستحسن).
10. الإشارة - 545 - إن الإجراءات المتخذة من قبل الإدارة التي توفر أدلة للمستثمرين حول كيفية تنظر إدارة آفاق الشركة (سواء كانت شراء أو بيع خيارات الأسهم الخاصة بهم)
11. الاحتياطي الاقتراض القدرات - 545 - القدرة على اقتراض المال بتكاليف معقولة عندما تسنح فرص الاستثمار.
12. توزيعات - 547 - التوزيعات التي أدخلت على المساهمين من أرباح الشركة.
13. الأمثل سياسة توزيع الأرباح - 548 - وسياسة توزيع الأرباح يوازن بين currentdividends والنمو في المستقبل مع تعظيم سعر سهم الشركة.
14. معلومات المحتوى (إشارات) فرضية - 549 - نظرية أن المستثمرين يعتبرون التغييرات أرباح كإشارات من الأرباح الإدارة توقع (التخمينات).
15. الزبائن تأثير - 549 - الميل للشركة لجذب نوع المستثمر الذي يحب سياسة التوزيعات النقدية على المساهمين.
16. النقدية الحرة التدفق فرضية - 549 - الشركات التي تدفع أرباح الأسهم من التدفقات النقدية التي المعلبة إعادة استثمارها بأي طريقة أخرى.
17. المتبقية سياسة توزيع الأرباح - 550 - توزيعات الأرباح التي يتم توزيعها بعد كل المصاريف الأخرى راضون.
18. مستقرة، توزيعات يمكن التنبؤ بها (وليس حقا أن يمكن التنبؤ) - 551 - دفع أرباح الدولار محدد للسهم الواحد في السنة مع زيادات دورية أو النقصان.
19. توزيعات أرباح اضافية - 552- توزيع أرباح التكميلي المدفوعة للمساهمين متى الشركة أيضا.
التسجيل 20. إعلان - 553 - التاريخ الذي يصدر مجلس إدارة الشركة بيانا أعلنت توزيع أرباح.
21. حامل من سجل التاريخ - 553 - التاريخ الذي يفتح الشركة الكتب ملكية لتحديد من سيحصل على أرباح.
22. تاريخ تحريك الحدود السعرية - 553 - التاريخ الذي الحق في توزيعات المقبل لم يعد يرافق الأسهم.
23. الدفع التاريخ - 553 - التاريخ الذي فعلا شركة البريد شيكات الأرباح.
خطة 24. توزيعات أرباح إعادة الاستثمار - 553 - خطة التي تمكن المساهمين لإعادة استثمار الأرباح المحصلة تلقائيا مرة أخرى في الأوراق المالية.
25. تجزئة السهم - 556 - إن الإجراءات التي اتخذتها الشركة لزيادة عدد الأسهم القائمة. هذا يعني أن السهم 50 $ يصبح 25 $ ولكن لديك الآن اثنين سهم بسعر 25 دولارا.
26. أسهم منحة - 556- توزيع أرباح مدفوعة في شكل أسهم إضافية من الأسهم.
13 HWو ICA

الإجابة على هذه الأسئلة المقالية:
1. كيف يمكن للشركات مع مبيعات مستقرة نسبيا تحمل نسب الديون المرتفعة نسبيا / الأصول؟

2. كيف يمكن زيادة في معدل ضريبة الدخل الشخصي تؤثر على الأرباح؟
3. كيف أن ارتفاع أسعار الفائدة يؤثر على الأرباح؟
4. كيف تراجع في الفرص الاستثمارية للشركات تؤثر على الأرباح؟

مصادر الإنترنت لهذا الدرس:
المراجع العام لجميع المحتوى
http://www.askmrmovies.com
أرباح
www.investopedia.com
الأسهم الإنشقاقات
www.sec.gov/answers/stocksplit.htm

خطط تافيرو في الدرس اليوم - المالية - رأس المال العامل - أربعة عشر
الدرس 14 - إدارة رأس المال العامل

1. إدارة رأس المال العامل - 574 - إدارة الأصول قصيرة الأجل (الاستثمارات) والخصوم (مصادر التمويل).
2. رأس المال العامل - 574 - شركة الاستثمار في الأصول قصيرة الأجل (النقدية والأسهم والجرد)
3. صافي رأس المال العامل - 574 - الأصول ناقص CurrentLiabilities الحالية
4. العامل المعني بالسياسات كابيتال - 574 - قرارات بشأن المستويات المستهدفة لكل أصل
5. تحويل النقد دورة - 577 - طول الفترة الزمنية من دفع لشراء المواد الخام لتصنيع حتى thecollection الحسابات.
6. سياسة الاستثمار استرخاء الأصول الحالي ***** - 580 - السياسات التي تسمح كميات كبيرة من النقد والأوراق المالية التي يتعين الاضطلاع على الكتب. وأدت هذه السياسة في العديد من التجاوزات أثناء الأزمة المالية العالمية.
7. مقيدة الحالي سياسة الاستثمار الأصول - 580 - هذه هي السياسة الحالية السارية في تقريبا جميع الشركات العالمية في الوقت الحاضر. يتم الحد من حيازات الذمم وليس يتم الديون المفرطة.
8. المعتدلة الحالي سياسة الاستثمار الأصول - 580 - هذه هي الخطوة الأولى وراء سياسة الاستثمار المقيد الحالي الأصول وسيعقد مرة واحدة تم علاجها ورجعية من الأزمة المالية العالمية.
9. الموجودات المتداولة الدائم - 581 - أرصدة الأصول المتداولة "التي لا تتغير بسبب الظروف الموسمية أو الاقتصادية.
10. المؤقتة الموجودات المتداولة - 581 - الموجودات المتداولة التي تتقلب مع الظروف الموسمية أو الاقتصادية. (وهذا هو إلى حد بعيد النوع الاكثر شيوعا من الأصول)
11. الائتمان قصير الأجل - 584 - أي مسؤولية مقررا للسداد خلال سنة واحدة.
12. مستحقات - 584 - مطلوبات المتكررة باستمرار قصيرة الأجل مثل الأجور والضرائب.
13. الائتمان التجارة - 584 - الفضل إنشاؤه عندما تشتري شركة واحدة على الائتمان من شركة أخرى.
14. الإذنية ملاحظة - 585 - وثيقة تحدد أحكام وشروط القرض.
15. خط الائتمان - 585 - إن الترتيب الذي يوافق البنك على إقراض يصل إلى أقصى مبلغ محدد من الأموال خلال فترة محددة.
الأوراق التجارية 16. - 586 - غير المضمونة، السندات الإذنية قصيرة الأجل التي تصدرها الشركات الكبيرة، سليمة ماليا لجمع الأموال.
17. قرض مضمون - 586 - قرض تدعمها ضمانات.
18. العوملة - 586 - البيع المباشر للذمم المدينة. ***** هذه الأصول تحولت في بعض الأحيان إلى أن تكون سامة أو قد المبالغة القيم ويشرف الآن أكثر من ذلك بكثير عن كثب من قبل الحكومات الوطنية.
19. اللجوء - 586 - والحالة التي يمكن للمقرض طلب دفع من الشركة الاقتراض عندما الذمم المدينة تستخدم لتأمين القرض هي غير القابلة للتحصيل ****** (هذا حدث في القطاع العقاري مع البنوك عقد الرهون العقارية غير القابلة للتحصيل. الكثير من هذه الأنواع من القروض ساهمت أيضا في الأزمة المالية العالمية)

20. خصم القروض الفائدة - 589 - قرض التي دفعت الفائدة أولا، كما هو الحال في الرهن العقاري. فقط يتم دفع جزء صغير من خارج المدرسة في حين لا يزال يجري دفع الفائدة.

14 HWو ICA
إدارة النقد
الإجابة على الأسئلة المقالية التالية
1. كيف يمكننا حساب تكلفة الائتمان قصير الأجل؟
2. مناقشة بعض من مزايا وعيوب التمويل قصير الأجل
3. كيف ينبغي أن تمول الأصول الحالية؟
4. مناقشة دورة التحويل النقدي.

مصادر الإنترنت لهذا الدرس:
المراجع العام لجميع المحتوى
http://www.askmrmovies.com
إدارة النقد
www.inc.com
تمويل قصير الأجل
الأجل للتمويل www.britannica.com/EBchecked/topic/.../short

خطط تافيرو في الدرس اليوم - المالية - النقدية ذوو المناصب - خمسة عشر
الدرس 15 - النقد إدارة والأوراق المالية

1. عملية الرصيد - 590 - توازن السيولة اللازمة لعمليات يوما بعد يوم.
2. الرصيد التحوطي - 590 - والرصيد النقدي الذي عقد في احتياطي تقلبات غير متوقعة في التدفقات النقدية.
3. الرصيد المضاربة - 590 - والرصيد النقدي المحتفظ بها لتمكين الشركة من الاستفادة من أي صفقة الشراء التي قد تنشأ.
التدفقات النقدية 4. المتزامنة - 591- والحالة التي تتزامن مع التدفقات النقدية التدفقات النقدية خلق الأرصدة المعاملات منخفضة.
5. تعويم - 591 - لا الكولا والآيس كريم الفانيليا، ولكن الفرق بين التوازن هو مبين في دفتر شيكات الشركة والتوازن على السجلات المصرفية.
6. صرف تعويم - 591 - قيمة الشيكات التي تم المكتوبة وصرف، ولكن لا تمسح بعد.
7. مجموعات المصقول - 591 - كمية الشيكات التي تم استلامها وأودعت، ولكن لا تقيد بعد إلى الحساب.
8. صافي تعويم - 591 - الفرق بين صرف تعويم تعويم andcollections.

9. الأوراق المالية - 593 - الأوراق المالية التي يمكن بيعها في وقت قصير دون خسارة من مدير المدرسة أو الاستثمار الأصلي.
سياسة 10. الائتمان - 594 - وهناك مجموعة من القرارات التي تتضمن معايير الائتمان للشركة، وشروط الائتمان، والأساليب المستخدمة في جمع حسابات الائتمان وإجراءات مراقبة الائتمان.
11. معايير الائتمان - 594 - يجب المعايير التي تشير إلى القوة المالية لديها الحد الأدنى من العملاء لمنح الائتمان ***** (معظم هذه المعايير فشل خلال الأزمة المالية العالمية الأخيرة).
12. شروط الائتمان - 595 - شروط دفع المقدمة للعملاء الائتمان.
13. المقبوضات - 595 - ويبلغ متوسط طول الفترة الزمنية اللازمة لتحصيل الذمم المدينة.
جدول 14. الشيخوخة - 595 - تقرير يبين كيف حسابات الذمم المدينة طويلة كانت معلقة.
15. مواد أولية - 600 - والمخزونات التي تم شراؤها من الموردين.
16. العمل في وعملية - 600 - الجرد في مراحل مختلفة من الإنجاز.
17. السلع تامة الصنع - 600 - الجرد انتهت وجاهزة للبيع.
18. تكاليف المرحلة - 600 - تكلفة تخزين المخزون الخاص بك لا تباع.
19. الترتيب الكمية الاقتصادية (QOE) - 601 - الكمية المثلى التي ينبغي أن يؤمر لتقليل تكاليف المخزون.
20. إعادة ترتيب بوينت - 605 - مستوى المخزون الذي يجب وضع أمر.
21. الاستثمار بانكر - 605 - منظمة أن يتعهد وتوزيع الإصدارات الجديدة من الأوراق المالية.
22. أسلوب الخط الأحمر - 605 - تدبير ومراقبة المخزون الذي يشير عندما يجب عليك شراء المزيد من المخزون.
23. فقط في وقت النظام - 605 - وهناك طريقة اقتصادا، ولكن محفوف بالمخاطر الحفاظ على المخزون الصفر.
24. الاستعانة بمصادر خارجية - 605 - ممارسة شراء مكونات المنتج بدلا من جعلها محاسبين.

15 HWو ICA
القروض سوف يكون أكثر صعوبة للحصول على بعد الأزمة المالية العالمية
الإجابة على هذه الأسئلة المقالية:
1. وصف دورة التحويل النقدي.
2. وصف الفئات الثلاث من المخزونات.
3. مناقشة جداول الشيخوخة.
4. كيف يمكن أن يكون عقد النقدية ميزة؟

مصادر الإنترنت لهذا الدرس:
المراجع العام لجميع المحتوى
http://www.askmrmovies.com
الائتمان
www.ftc.gov/bcp/menus/consumer/credit.shtm
مراقبة المخزون
topicId؟www.businesslink.gov.uk/bdotg/action/layer

خطط تافيرو في الدرس اليوم - المالية - مفاهيم الاستثمار - ستة عشر
الدرس 16 - مفاهيم الاستثمار

الاستثمار هي لعبة مع الفائزين والخاسرين واضح
1. المستثمرون - 624 - الأفراد الذين يشترون الاستثمارات مع تحقيق وفورات تحسبا لنمو مستقر.
2. المضاربون - 624 - الأفراد الذين يأخذون مخاطر كبيرة مقابل إمكانية عوائد كبيرة. تشبه القمار.
3. الدخل للأوراق المالية - 625 - استثمارات، مثل الأسهم الممتازة وسندات الشركات، التي تقدم توزيعات الأرباح أو مدفوعات الفائدة ثابتة
تكلفة عملية 4. - 627 - التكاليف المرتبطة تداول الأوراق المالية عادة في شكل عمولة.
5. المحافظ الاستثمارية - 627 - مجموعة من الأدوات الاستثمارية المصممة للحد من المخاطر للعميل.
6. تخصيص الأصول - 627 - نسبة الأموال المستثمرة في مختلف فئات الأصول.
7. سمسار - 629 - وسيط أو وكيل الذي يساعد المستثمرين تداول الأدوات المالية مثل الأسهم والسندات والمشتقات (الآن تنظم بشكل أقوى كثيرا بعد الأزمة المالية العالمية)
شركة الوساطة 8. - 629 - مجموعة من الباعة الذين يتخذون تخمينات حول الاستثمارات.
9. السوق بالدفع - 630 - أمر لتنفيذ صفقة على أفضل الأسعار المتاحة.
10. وقف الطلب - 631 - أمر أن يحدد السعر الذي يبدأ نظام السوق.
11. أمر محدد - 631 - أمر لشراء أو بيع الأوراق المالية في أي أسوأ من السعر المحدد.
12. يوم بالدفع (OD) - 631 - تعليمة لإلغاء النظام إذا لم يتم استيفاء شروط السعر بنهاية يوم عمل واحد.
13. جيد سمسم ملغاة (CTG) - 631 - تعليمات للحفاظ على أمر نشطة حتى يتم استيفاء القيود السعر أو حتى المستثمر يلغي ذلك.
14. التعبئة أو قتل بالدفع - 631 - تعليمات أن يتم إلغاء الأمر إذا لم يتم تنفيذه فورا (هذا المصطلح على الفور النسبي، ولكن عموما يعني في بضع دقائق).
15. اسم الشارع - 631 - والحالة التي يتم تسجيل الأوراق المالية لشركة الوساطة بدلا من المستثمر الفرد. هذا يمكن أن يكون وجود خطر إضافي للمستثمر.
16. المالية رمز - 635 - بالاحرف الاولى تداول شركة تستخدم في المعاملات.
16 HWو ICA
في بورصة نيويورك هي المؤسسة المالية الأكثر شهرة في العالم
الإجابة على الأسئلة المقالية التالية:
1. كيف يتم الاستثمار في الأوراق المالية على غرار القمار؟
2. كيف يمكن مساعدة محفظة متوازنة للحد من المخاطر لمستثمر؟
3. كيف هي بعض شركات الوساطة غير أخلاقية في توصياتهم؟
4. كيف يمكن للتوقيت نظام السوق من عشر دقائق حتى يكون لها انعكاسات إيجابية أو سلبية للمستثمر؟

مصادر الإنترنت لهذا الدرس:
المراجع العام لجميع المحتوى
http://www.askmrmovies.com
بورصة نيويورك
www.nyse.com/
شركات الوساطة
www.savings-secrets.com/
خطط الدروس تافيرو من اليوم - المالية - الحوسبة عودة الاستثمار - سبعة عشر
الدرس 17 - الحوسبة عودة الاستثمار

الاستثمار لا يعني بالضرورة زيادة في عائدات الخاص بك

1. الدولار العودة - 639- = الدخل تلقى + (إنهاء قيمة الاستثمار - بداية قيمة الاستثمار) أو INC + (1P - 0P).
2. القابضة الفترة العائد (RPH) - 640 - عودة حصل خلال الفترة الزمنية التي يقام الاستثمار.
3. الربح الموزع - 640 - الجزء من مجموع العائدات المرتبطة أرباح الأسهم المدفوعة من قبل الشركة.
4. كابيتال الربح أو الخسارة - 640 - التغيير في القيمة السوقية للورقة المالية.
5. الحساب بسيط متوسط العائد - 641 - وهناك تقنية forcomputing متوسط العائد على الاستثمار الذي يلخص كل عودة ويقسم عدد العائدين. لا يشمل المركبة.
6. القيمة السوقية - 648 - القيمة السوقية الإجمالية لأسهم الشركة التي يتم حسابها عن طريق ضرب عدد الأسهم القائمة في سعر السوق للسهم الواحد.
7. الثور والدب الأسواق - 650 - الثور هو ارتفاع السوق، في حين أن الدب هو سوق هابطة.
8. شراء وعقد استراتيجية - 651 - عندما يشتري المستثمرون الأوراق المالية بقصد احتجازهم لعدد من السنوات.
9. التداول بالهامش - 651 - بشكل لا يصدق، على الرغم من تعديل كبير بعد الكساد العظيم في عام 1929، كان لا يزال عاملا رئيسيا في الأزمة المالية العالمية. وقد أدخلت تعديلات إضافية للحد من تأثير هذه الممارسة. هو ممارسة الاقتراض من سمسار جزء من الأموال اللازمة لشراء الاستثمار.
10. اتفاق الرهن - 651 - عقد أن يعين الأوراق المالية كضمان للحصول على قرض الهامش.
11. نداء الهامش - 653 - نداء من وسيط لإضافة المزيد من الأموال لحساب الهامش.
12. هامش الصيانة - 653 - أدنى هامش الفعلية التي الوسيط ستسمح الهامش المستثمرين لديها في أي وقت.
13. سمسار القرض سعر - 652 - معدل يتقاضاها الوسطاء لاقتراض الأموال من أجل التداول بالهامش.
14. ترتيب البيع - 654 - والحالة التي مستثمر يستعير مخزون مستثمر آخر ثم يبيعها، ولكن وعود لتحل محل الأوراق المالية في وقت لاحق. (وهذا هو ممارسة خطرة أخرى).
15. Downticks وUpticks - 655 - تخفيض او زيادة سعر السهم من التجارة إلى آخر. وهناك علامة صغيرة في كلتا الحالتين يمكن أن يحدث فرقا الآلاف من الدولارات في أمر كبير.
16. صفر زائد علامة - 655 - والحالة التي يكون فيها السعر من أحدث التجارة يساوي سعر التجارة السابقة، ولكن يتجاوز السعر من التجارة إلى آخر. (هذا هو الافتراض إلى تناميا)
17. التقليل ضد صندوق - 655 - عندما يبيع المستثمر وباختصار مخزون أنه أو أنها تملك أيضا. هذا هو شكل من أشكال الرهان ضد نفسك.

ICA وHW 17

هي لعبة القمار أفضل يقم الاستثمار للمهنيين

الإجابة على الأسئلة المقالية التالية:

1. لماذا هو الأداء السابق للمخزون ما يضمن أنها سوف تستمر في الارتفاع؟
2. لماذا هو القيمة السوقية واحدة من أهم المتغيرات بالنسبة لك أن تنظر beforeinvesting في الأسهم؟
3. كيف يمكن شراء هامش تكون ممارسة خطيرة؟
4. لماذا هو شراء وعقد استراتيجية يست طريقة مضمونة للاستثمار؟

مصادر الإنترنت لهذا الدرس:

المراجع العام لجميع المحتوى

http://www.askmrmovies.com

القيمة السوقية
lmth.noitazilatipac_tekram/2969www.investorwords.com/
هامش شراء
www.investopedia.com

الدرس 18 - تثمين الأمن والاختيار
طالب جامعة كولومبيا فعلا تجربة مع قرد رمي السهام خمسة في الأسهم التي تفوق أكثر من 70٪ من جميع التحديدات سمسرة لسنة 2001.
(المصدر: بيزنس ويك)

1. التحليل الأساسي - 669 - ممارسة في الواقع ينظر إلى البيانات المالية المنشورة للشركة قبل الاستثمار.
2. التحليل الفني - 669 - ممارسة المراهنة على الأسهم وهو مبني على نظريات مشكوك مختلفة من العرض والطلب.
3. دورة الأعمال - 670 - الحركة في النشاط الاقتصادي الكلي مقاسا الناتج المحلي الإجمالي.
4. الناتج المحلي الإجمالي - 670 - مقياس لجميع السلع والخدمات المنتجة في الاقتصاد خلال فترة زمنية محددة.
5. الركود - 671- ربعين متتاليين من الانكماش الاقتصادي أو انخفاض في الناتج المحلي الإجمالي
6. المؤشرات الاقتصادية الرائدة - 672 - التدابير الاقتصادية التي تميل إلى التحرك قبل الحركات في دورة الأعمال.
7. المؤشرات الاقتصادية الأسوأ أداء - 672 - التدابير الاقتصادية التي تميل إلى التحرك بعد الحركات في دورة الأعمال.
8. السياسة النقدية - 675 - إن الوسائل التي بلد تؤثر الظروف الاقتصادية من خلال إدارة النقد المتداول.
9. السياسة المالية - 675 - الإنفاق الحكومي الذي تدعمه في المقام الأول قدرة الحكومة لفرض ضرائب على الأفراد والشركات.
10. العجز الإنفاق - 675 - الإنفاق الذي يحدث عندما تنفق الحكومة المزيد من الأموال من يجمع في الضرائب.
11. الصناعة دورة الحياة - 677 - ومختلف مراحل صناعة فيما يتعلق بالنمو في المبيعات ومتغيرات المنافسة.
نسبة 12. PE - 684 - A التموينية حسابها بقسمة سعر السوق الحالي للسهم الواحد، 0P، من قبل ربحية السهم 0EPS.
13. بار الرسم البياني - 688 - رسم بياني يشير إلى الحركات العالية والمنخفضة، وسعر الاغلاق للسهم خلال فترة محددة.
14. خط الاتجاه - 688 - خط يشير إلى اتجاه حركة سعر السهم. لفترة أطول وقت المعنية للاتجاه الخط، كلما كان ذلك أفضل فرصك التي سوف تستمر الأسهم في هذا الاتجاه.
15. نظرية داو - 689 - نظرية استخدامها للتنبؤ تحركات الأسعار قاعدة على مؤشر داو جونز الصناعي والنقل المتوسط (وقد ثبت هذه النظرية لا يمكن الاعتماد عليها للغاية).
16. المتوسط المتحرك - 689 - متوسط سعر السهم لفترة محددة من الزمن. على الإطلاق أي مؤشر أو مؤشرا للأسعار حتى ليوم واحد.
17. أسهم النمو - 692 - أسهم الشركات التي لديها الكثير من المبيعات والأرباح الأرقام الإيجابية التي يتفوق متوسطات الصناعة.
18. قيمة الأسهم - 693 - أسهم الشركات التي يتم بسعرها. وخاصة تلك التي مقومة بأقل من قيمتها باستخدام حسابات القيمة السوقية.

18 HWو ICA

العثور الأسهم مربحة جدا في مرحلة ما بعد GFC العالم
الإجابة على الأسئلة المقالية التالية:

1. لماذا الاستثمار في سوق الدب الآن أكثر صعوبة من الاستثمار في سوق الثور؟
2. لماذا المحللين أساسي أكثر أمانا في الاستخدام من المحللين الفنيين للاستثمار؟
3. لماذا هو القيمة السوقية تزال واحدة من أهم العوامل للاستثمار؟
4. لماذا النظريات الفنية تزال مفيدة لبعض الاستثمار؟

مصادر الإنترنت لهذا الدرس:
المراجع العام لجميع المحتوى
http://www.askmrmovies.com
الاستثمار الأساسي
www.investopedia.com/university/fundamentalanalysis/
الاستثمار الفني
www.investmentweek.co.uk/tag/technical

الجزء الثاني من الدورات المتوسطة الأعمال ـ الاقتصاد الكلي برنانكي
آرثر H تافيرو

خطط تافيرو في الدرس اليوم ـ برنانكي الاقتصاد الكلي ـ التفكير مثل خبير اقتصادي ـ واحد
الدرس 1ـ التفكير باعتباره الاقتصاديين
1. ندرة المبدأ 3 ـ إذا كان شخص ما لديه أكثر من ذلك، شخص آخر لديه أقل

1. ندرة المبدأ 3 ـ إذا كان شخص ما لديه أكثر من ذلك، شخص آخر لديه أقل
2. التكاليف والمنافع المبدأ 3 ـ الاستفادة unlessthe ينبغي اتخاذ أي إجراء تساوي على الأقل إلى التكلفة
3. الحوافز المبدأ 3 ـ التنبؤ سلوك يستند في المقام الأول على معرفة الحوافز
يجب أن تكون بكميات الدولار المطلقة وليس في النسب ـ 4. قياس التكلفة 3
5. الاقتصاد ـ 4 ـ دراسة كيفية جعل الناس الخيارات في ظل ظروف ندرة ونتائج هذه الخيارات على المجتمع

6. الفائض الاقتصادي - 6 - الاستفادة من اتخاذ إجراء ناقص تكلفتها
7. تكلفة الفرصة - 7 - القيمة التي قد يتم اكتسابها من اتخاذ إجراء ناقص تكلفتها
8. التكلفة مظلم - 11 - والتكلفة التي هي وراء الانتعاش عندما يتعين اتخاذ قرار
9. التكلفة الحدية -12 - تكلفة تنفيذ نشاط إضافي واحد والتي يتم إضافتها إلى التكلفة الإجمالية
10. المنفعة الحدية - 12 - الزيادة في مجموع الفوائد التي تنجم عن تنفيذ نشاط إضافي
11. متوسط التكلفة - 12 - التكلفة الإجمالية للقيام الوحدات X لنشاط مقسوما X
12. متوسط الفوائد - 12 - صالح الكلية للقيام الوحدات ofan X النشاط مقسوما X
13. المعيارية الاقتصادية المبدأ 15 - كيف يمكن للناس أن تتصرف إحصائيا
14. إيجابي المبدأ الاقتصادي 15 - واحد أن يتنبأ كيف سيتصرف الناس
15. الاقتصاد الجزئي - 15 - دراسة الاختيار الفردي في ظل ندرة وسلوك الأسعار والكميات في الأسواق الفردية
16. الاقتصاد الكلي - 15 - دراسة أداء الاقتصادات الوطنية والسياسات الحكومية التي تحاول تحسين الأداء

1 HWو ICA
الإجابة على الأسئلة المقالية التالية
1. لماذا يتوجب علينا أن نقيس التكلفة أو فائدة بالدولار المطلقة بدلا من propotion؟
2. لماذا يجب أن نكون دائما على بينة من التكاليف الضمنية؟
3. وصف تحليل التكاليف والمنافع.
4. مناقشة مبدأ الندرة.

مصادر الإنترنت لهذا الدرس
المراجع العامة
http://www.askmrmovies.com
تحليل التكاليف والمنافع
ندرة المبدأ

خطط تافيرو في الدرس اليوم - برنانكي الاقتصاد الكلي - الإنفاق والدخل والناتج المحلي الإجمالي - اثنان
الدرس 2 - الإنفاق والدخل والناتج المحلي الإجمالي
المنتج 1. الإجمالي المحلي 38 - (PDG) - القيمة السوقية للسلع والخدمات النهائية المقدمة في بلد ما خلال فترة معينة.
2. السلع النهائية أو الخدمات - 41 - السلع أو الخدمات المستهلكة من قبل المستخدم النهائي
3. السلع أو الخدمات الوسيطة - 41 - السلع أو الخدمات المستخدمة حتى في إنتاج السلع والخدمات النهائية.
4. كابيتال جيد - 42 - وطويلة الأمد الخير الذي يستخدم في إنتاج السلع والخدمات الأخرى. قد تكون السلع البنود المادية الفعلية أو أنها قد تكون الخدمات التي يقدمها الباعة التي لا تتطلب والبنود المادية.
5. القيمة المضافة - القيمة السوقية للمنتج، أو خدمة ناقص تكاليف المدخلات المشتراة من شركات أخرى - 43. وخير مثال ofvalue استراتيجية اضاف ان يعمل في السوق الحديث هو أن من وول مارت، والتي تقدم جودة معتدلة بسعر منخفض، مما يتيح القيمة المضافة المستهلك.
6. الاستهلاك - 46 - إنفاق الأسر على السلع والخدمات مثل الغذاء والملبس والترفيه
7. الاستثمار - 46 - الإنفاق من جانب الشركات على السلع والخدمات النهائية في قطاع السلع الرأسمالية.
8. مشتريات الحكومة - مشتريات الفيدرالية وحكومات الولايات والحكومات المحلية من السلع والخدمات النهائية.
9. صافي الصادرات 48 -47 - الصادرات ناقص الواردات
10. الناتج المحلي الإجمالي = الاستهلاك + الاستثمار + + صافي مشتريات الحكومة الصادرات أو NX + G + I + C = Y
11. الناتج المحلي الإجمالي الحقيقي - 51 - مقياس الناتج المحلي الإجمالي تحظى فيها الكميات المنتجة في أسعار سنة الأساس وليس

بالأسعار الجارية

12. الناتج المحلي الإجمالي الاسمي - 51 - مقياس الناتج المحلي الإجمالي التي تقدر قيمة الكميات المنتجة بأسعار العام الحالي.

ICA والأب 2

الإجابة على هذه الأسئلة المقالية

1. مناقشة الفرق بين الناتج المحلي الإجمالي الاسمي والحقيقي.
2. كيف نحسب الصيغة للناتج المحلي الإجمالي؟
3. مناقشة الاختلافات بين السلع النهائية والخدمات والسلع الوسيطة والخدمات.
4. ما سيكون بعض أنواع المشتريات الحكومية؟

مصادر الإنترنت لهذا الدرس

المراجع العامة

http://www.askmrmovies.com

الناتج المحلي الإجمالي

السلع النهائية مقابل السلع الوسيطة

خطط تافيرو في الدرس اليوم - برنانكي الاقتصاد الكلي - التضخم والأسعار المستوى - ثلاثة

الدرس 3 - التضخم ومستويات الأسعار

1. مؤشر أسعار المستهلك (IPC) - 66 - تدابير تكلفة سلة القياسية البضائع لفترة محددة، علاوة على تكلفة العناصر نفسها من الفترة المحددة السابقة الفورية
2. مؤشر السعر - 68 - بمتوسط سعر فئة معينة من السلع أو الخدمات
3. معدل التضخم - 68 - معدل النسبة السنوية للتغير في مستويات أسعار السلع والخدمات
4. الانكماش - 69 - ظاهرة نادرا ما يشاهد من مستويات الأسعار تنخفض.
5. الكمية الاسمية - 70 - كمية التي تقاس من حيث قيمة الدولار الحالية. مثلا: أرباح العمل هي K30 في عام 2011، ثم في عام K31 2012
6. الكمية الحقيقية - 70 - كمية التي تقاس من الناحية المادية المتعلقة .CPI إذا ذهبت مؤشر أسعار المستهلك بنسبة 10٪ في عام 2012، ثم كانت أرباحك الحقيقية لعام 2012 فقط K:28 تحويلة
7. Delating - 70 - عملية تقسيم كمية رمزية من قبل مؤشر aprice مثل مؤشر أسعار المستهلك للتعبير عن كمية من حيث القيمة الحقيقية.
8. الأجور الحقيقية - 71 - الأجور المدفوعة للعمال قياسها في السلطة أو بالقيمة الحقيقية الشرائية.
9. الفهرسة - 72 - ممارسة زيادة كمية الاسمية كل فترة بمبلغ مساو لنسبة الزيادة في مؤشر أسعار المستهلك.
10. الأسعار المستوى - 76 - وهو مقياس للمستوى العام للأسعار عند نقطة معينة من الزمن مقاسا مؤشر أسعار مثل مؤشر أسعار المستهلك
11. السعر النسبي - 76 - سعر سلعة أو خدمة معينة بالمقارنة مع أسعار السلع والخدمات الأخرى.
12. التضخم الجامح - 82 - والحالة التي يكون فيها معدل التضخم عالية جدا.
13. أسعار الفائدة الحقيقية - 84 - نسبة الزيادة السنوية في القوة الشرائية للموجودات المالية. السابق منزلا بقيمة 100،000 في عام 2011، والآن 102،000 بعد التضخم الحسبان

14. سعر الفائدة الاسمي -84 - نسبة الزيادة السنوية في الزيادة الاسمية في القيمة الاسمية للتحويلة المنزل أصل مالي بقيمة 100،000 في عام 2011 بقيمة 105،000 الآن في السوق، ولكن فقط بقيمة 102،000 دولار في الحقيقية.
15. المحمية ضد التضخم سندات - 86 - السندات التي تدفع معدل الفائدة الاسمي سنويا يساوي درجات بالإضافة إلى معدل التضخم الفعلي الثابت في ذلك العام.
16. تأثير فيشر - 87 - الفائدة مرتفع عندما التضخم المرتفع والمنخفض عند التضخم منخفضة.

ICA والأب 3
الإجابة على الأسئلة المقالية التالية
1. مناقشة المقارنة بين أسعار الفائدة الاسمية والحقيقية
2. مناقشة العلاقة بين مستويات الأسعار إلى السعر النسبي
3. مناقشة المقارنة بين الأجور الاسمية في الأجور الحقيقية.
4. مناقشة العلاقة بين مؤشر أسعار التضخم

مصادر الإنترنت لهذا الدرس
المراجع العامة
http://www.askmrmovies.com
الأجور الاسمية والحقيقية
الرقم القياسي لأسعار المستهلك

خطط تافيرو في الدرس اليوم - برنانكي الاقتصاد الكلي - الأجور والبطالة - أربعة
الدرس 4 - الأجور والبطالة
1. الحقيقي تريند الأجور - 94
أ. في القرن th20، تتمتع جميع البلدان الصناعية زيادة في الأجور الحقيقية
ب. منذ s1970، تباطأت الزيادات في الأجور الحقيقية
ج. جلبت السنوات ال 20 الماضية زيادة واضحة في عدم المساواة في الأجور في الولايات المتحدة والعديد من الدول الصناعية الأخرى.
2. اتجاهات البطالة - 95
أ. في البلدان الصناعية الأخرى الولايات المتحدة والعديد نمت nominalnumber من الذين يشغلون وظائف كبيرة في السنوات ال 20 الماضية.
ب. في الوقت نفسه، كان بلدان أوروبا الغربية ارتفاع معدلات البطالة للفترة الزمنية نفسها (توصيل ذلك إلى المعاشات التقاعدية السابقة وأنظمة التقاعد في هذه البلدان)
3. تناقص عائدات العمل - 96 - إذا كان مقدار رأس المال وغيرها من المدخلات ثابتة، ثم كلما زادت كمية العمل يعملون بالفعل، وأقل عامل إضافي يضيف للإنتاج
4. منحنى الطلب على العمل - 98 - منحنى الطلب على العمل هو الهبوط-المنحدرة. وارتفاع الأجور، فإن عددا أقل من العمال أرباب العمل توظيف.
5. توريد العمل - 102 - منحنى عرض العمالة غير المنحدرة التصاعدي لأن أعلى للأجور، والمزيد من الناس الذين هم على استعداد للعمل
6. العمال التنقل - 108 - حركة العمال بين الوظائف والشركات والصناعات.
7. المهارة استنادا التغير التكنولوجي - 109 - التغير التكنولوجي الذي يؤثر على منتجات هامشية من العمال المهرة أعلى بشكل مختلف عن تلك العمال المهرة أقل.
8. القوى العاملة - 111 - العدد الإجمالي للأشخاص العاملين والعاطلين عن العمل في الاقتصاد.

9. معدل البطالة - 111 - عدد العاطلين عن العمل مقسوما على الناس قوة العمل
10. معدل المشاركة - 111 - النسبة المئوية من السكان في سن العمل في القوة العاملة.
11. البطالة الهيكلية - 115 - بطول الأجل والبطالة المزمنة بغض النظر عن حالة الاقتصاد.
12. البطالة الدورية - 116 - البطالة الإضافية التي تحدث أثناء فترات الركود.

ICA والأب 4
الإجابة على الأسئلة المقالية التالية
1. قارن البطالة الهيكلية البطالة الدورية.
2. قارن بين العرض والطلب على العمالة من حيث المنحنيات.
3. وصف الفرق بين معدلات المشاركة ومعدلات البطالة.
4. مناقشة اتجاهات البطالة والأجور الحقيقية الاتجاهات الحالية في بلدك.

مصادر الإنترنت لهذا الدرس
المراجع العامة
http://www.askmrmovies.com
اتجاهات البطالة
اتجاهات الأجور الحقيقية

خطط تافيرو في الدرس اليوم - برنانكي الاقتصاد الكلي - النمو الاقتصادي والادخار - خمسة
الدرس 5 - النمو الاقتصادي والادخار
1. قيمة العملة مساوية تقريبا لنسبة الناتج الفردية للشخص في بلد واحد هو أن مقارنة الشخص من بلد آخر. مثال إخراج الأميركي العادي هو حوالي ست مرات ونصف أكبر من إخراج بمتوسط الصينية. وبالتالي، فإن قيمة ستة ونصف دولار الصينية (يوان) تساوي فقط إلى حوالي 1 $.
2. متوسط إنتاجية العمل - 136 - الناتج لكل عامل يعملون
3. مجمع الفائدة - 133 - دفع الفائدة ليس فقط على الوديعة الأصلي، ولكن على كل مصلحة أخرى كذلك.
4. رأس المال البشري - 239 - مزيج من العوامل مثل التعليم والتدريب والخبرة والذكاء والطاقة وعادات العمل، والثقة، والمبادرة، وغيرها التي تؤثر على قيمة الناتج الحدي العامل.
5. تناقص عوائد على رأس المال - 141 - إذا كانت كمية العمل وغيرها من المدخلات ثابتة، ثم كلما زاد حجم رأس المال قيد الاستخدام، وأقل وحدة إضافية لرأس المال يضيف إلى الإنتاج.
6. رجال الأعمال - 144 - الناس الذين خلق مؤسسات اقتصادية جديدة
7. الادخار - 163 - ناقص الدخل الإنفاق الحالي على الاحتياجات الحالية
8. معدل الادخار - 163 - إنقاذ مقسوما على الدخل
9. الثروة - 163 - قيمة الموجودات ناقص المطلوبات
10. الأصول - 163 - أي شيء ذي قيمة أن أحد يملك
11. الخصوم - 163 - الديون واحد يدين
ورقة 12. الرصيد - 163 - قائمة من الوحدات الاقتصادية للموجودات والمطلوبات
13. التدفق - 164 - وهو الإجراء الذي يعرف في وحدة الزمن
14. المالية - 164 - وهو الإجراء الذي يعرف عند نقطة في الوقت المناسب
15. الأرباح الرأسمالية - 165- الزيادات في قيمة الأصول القائمة
16. الخسائر الرأسمالية - 165 - انخفاض في قيم الأصول الحالية

ICA والأب 5

الإجابة على الأسئلة المقالية التالية

1. مناقشة رأس المال البشري.
2. مناقشة تناقص عوائد على رأس المال
3. مناقشة آثار الفائدة المركبة من الناحيتين المدخرات والديون
4. مناقشة مسألة الإنتاجية بالنسبة إلى بلدان أخرى

مصادر الإنترنت لهذا الدرس

المراجع العامة

http://www.askmrmovies.com

الفائدة المركبة

الإنتاجية

خطط تافيرو في الدرس اليوم - برنانكي الاقتصاد الكلي - الادخار الوطني والاستثمار والمال - ستة

الدرس 6 - الادخار الوطني والاستثمار والمال

1. توفير الوطني - 168 - إنقاذ الاقتصاد بأكمله، أي ما يعادل الناتج المحلي الإجمالي أقل نفقات الاستهلاك والمشتريات الحكومية من السلع والخدمات.
2. المدفوعات نقل - 169- مدفوعات الحكومة يجعل للجمهور حيث تتلقى أي بضائع أو الخدمات الحالية
3. الادخار الخاص - 169 - إنقاذ القطاع الخاص في الاقتصاد يساوي الدخل بعد خصم الضرائب للنفقات استهلاك ناقص القطاع الخاص. هذا هو جزء مهم جدا من قدرة البلد على موازنة ميزانيتها. كما إنقاذ وأسرة متوسطة أمر مهم لتلك العائلة لجعل التقدم الاقتصادي.
4. توفير العامة - 169 - إنقاذ القطاع الحكومي يساوي مدفوعات الضرائب ناقص صافي المشتريات الحكومية. هذا يعني أن الحكومة ستكون من الحكمة عند إنفاق أموال دافعي الضرائب.
5. ميزانية الحكومة الفائض - 170 - الزيادة في تحصيل الضرائب الحكومية على الإنفاق الحكومي. بدلا من مجرد ترك هذه الكذبة المال في البنوك، بل هو أحيانا أفضل لإعادة استثمار المدخرات في مشاريع أكثر عدوانية من شأنها أن توفر المال في .thefuture قد تشمل هذه النفقات الرأسمالية لتحسين البنية التحتية أو النقل، والتي سوف تضيف المزيد من أموال دافعي الضرائب إلى القاعدة الضريبية.
6. ميزانية الحكومة العجز - 170 - الزيادة في الإنفاق الحكومي على جمع الضرائب. ينبغي دائما أن تبقى هذه إلى أدنى حد ممكن والفائدة المدفوعة على هذا المبلغ لا تخدم أي غرض إيجابي في الاقتصاد.
7. الادخار دورة الحياة - 173 - الادخار لتحقيق أهداف طويلة الأجل مثل التقاعد أو منزل
8. الادخار التحوطي - 173 - توفير الحماية ضد الانتكاسات غير المتوقعة مثل فقدان وظيفة أو المشاكل الطبية
9. التركة إنقاذ - 173 - إنقاذ القيام به لغرض ترك ميراثا
10. مزاحمة - 184 - الميل لزيادة العجز الحكومي للحد من الإنفاق الاستثماري.

ICA والأب 6

الإجابة على الأسئلة المقالية التالية

1. مناقشة الادخار الوطني. كيف الادخار القومي تؤثر على الاقتصاد الوطني؟
2. قارن الادخار الخاص والعام

3. قارن فوائض الحكومة والعجز والآثار لديهم على الاقتصاد.

4. ناقش مفهوم مزاحمة. كيف يمكن أن تؤثر سلبا على اقتصاد البلاد؟

مصادر الإنترنت لهذا الدرس

المراجع العامة

http://www.askmrmovies.com

مزاحمة

تداعيات عجز الحكومة

خطط تافيرو في الدرس اليوم - برنانكي الاقتصاد الكلي - النظام المالي، والمال، والأسعار - سبعة

الدرس 7 - النظام المالي، المال والأسعار

1. الوسطاء الماليين 192 - الشركات التي تقديم الائتمان للمقترضين باستخدام الأموال التي تم جمعها من المدخرين.

2. بوند 194 - وعد القانوني لسداد الديون، بما في ذلك عادة كل من المبلغ الأصلي ومدفوعات الفائدة العادية.

3. المبلغ الأصلي 194 - المبلغ المقرض في الأصل

4. النضج التسجيل 194 - التاريخ الذي سيتم تسديد أصل الدين

5. المدفوعات القسيمة 194 - مدفوعات الفائدة العادية التي أدخلت على حامل السند

6. سعر القسيمة 194 - سعر الفائدة وعد عندما يتم إصدار السندات: بالدفعات السنوية تساوي الأوقات سعر الفائدة على المبلغ الأصلي للسند.

7. الأوراق المالية (الأسهم) 196 - مطالبة بملكية جزئية من شركة

8. توزيعات أرباح 196 - الدفع المنتظم من قبل المساهمين وردت عن كل سهم التي يمتلكونها

9. علاوة مخاطرة 198 - معدل العائد المالي أن المستثمرين تتطلب عقد الأصول الخطرة ناقص معدل العائد على الأصول الآمنة

10. تنويع 199 - ممارسة نشر ثروة المرء عبر مجموعة متنوعة من الاستثمارات المالية المختلفة للحد من المخاطر الكلية

11. صندوق استثمار 201 سيط مالي a- التي تبيع أسهم في حد ذاته للجمهور، ثم يستخدم الأموال التي تم جمعها لشراء تشكيلة واسعة من الأصول المالية (الأسهم عادة)

12. المال 201 - أي الأصول التي يمكن استخدامها في عمليات الشراء

13. متوسط الصرف 202 - الأصول المستخدمة في شراء السلع والخدمات

14. المقايضة 202 - تجارة مباشرة لسلع أو خدمات للسلع أو الخدمات الأخرى

15. وحدة الحساب 202 - وهو مقياس أساسي للقيمة الاقتصادية

16. مخزن للقيمة 202 - أحد الأصول التي هي بمثابة وسيلة لعقد الثروة

17. 1M 203 - مجموع العملة المعلقة وأرصدة مودعة في حسابات التدقيق

18. 2M 203 - جميع الأصول في 1M بالإضافة إلى بعض الأصول الإضافية التي يمكن استخدامها في تسديد الدفعات ولكن على قدر أكبر من التكلفة أو إزعاج من العملة أو الشيكات

19. الاحتياطي إلى الودائع نسبة 206 - احتياطيات البنك مقسوما على المودعين

20. كسور احتياطي النظام المصرفي 206 - نظام المصرفي في احتياطيات البنك التي هي أقل أن الودائع بحيث أن نسبة احتياطي الودائع أقل من 100 في المئة

21. نظام الاحتياطي الفيدرالي (DEF) 210 - البنك المركزي للولايات المتحدة

22. شراء السوق المفتوح 211 - شراء السندات الحكومية من الجمهور من قبل FED لغرض زيادة المعروض من احتياطيات البنك وعرض النقود

23. بيع السوق المفتوح 211 - للبيع من قبل بنك الاحتياطي الفيدرالي من السندات الحكومية إلى الجمهور لغرض الحد من احتياطيات البنك وعرض النقود

24. السوق المفتوح عمليات 211 - مشتريات السوق المفتوحة ومبيعات السوق المفتوحة
25. سرعة 212 - السرعة التي يتغير المال في أيدي المعاملات التي تشمل السلع والخدمات النهائية

ICA والأب 7
الإجابة على المقالات التالية
1. ناقش السوق المفتوحة.
2. مناقشة 1M و 2M الحسابات.
3. مناقشة التنويع.
4. مناقشة الوساطة المالية.

مصادر الإنترنت لهذا الدرس
المراجع العامة
http://www.askmrmovies.com
التنويع

الوسطاء الماليين

خطط تافيرو في الدرس اليوم - برنانكي الاقتصاد الكلي - على المدى القصير التقلبات الاقتصادية - ثمانية
الدرس 8 - قصير الأمد التقلبات الاقتصادية
1. الركود 225 - وهي الفترة التي كان الاقتصاد ينمو بمعدل أقل بكثير من المعتاد. تعتبر الركود تحسنا المنخفضات، ولكن خطوة إلى الوراء من التوسع.
2. الكساد 225 - ركود حاد بشكل خاص أو طال أمدها. طول الاكتئاب يمكن أن تؤثر بشدة على الاقتصاد الوطني.
3. الذروة 226 - بداية ركود. نقطة عالية قبل الانكماش
4. بمنخفض 226 - في نهاية الركود. نقطة منخفضة من النشاط الاقتصادي قبل الانتعاش
5. التوسع 227 - وهي الفترة التي كان الاقتصاد ينمو بمعدل أعلى بكثير من المعتاد. لا يمكن أن تستمر هذه النسبة لعدد من السنوات الممتدة دون أن تسبب بعض الأضرار الجانبية.
6. بوم 227 - توسعا قويا بشكل خاص والتي طال أمدها

7. الناتج المحتمل Y 231 - الحد الأقصى للمبلغ المستدام للانتاج (الناتج المحلي الإجمالي الحقيقي) أن الاقتصاد يمكن أن تنتج
8. خرج الفجوة Y 232 - الفرق بين الناتج الفعلي للاقتصاد وانتاجها المحتمل كنقطة في الوقت المناسب
9. الفجوة الانكماشية 232 - فجوة الناتج السلبية، والذي يحدث عندما يتجاوز الناتج المحتمل الانتاج الفعلي. هذا هو naturaloccurrence، منذ السكان يميلون إلى إنفاق أقل خلال فترات الركود.
10. التوسعية فجوة 232 - فجوة الناتج الإيجابية، والذي يحدث عندما الناتج الفعلي هو أعلى من الناتج المحتمل. هذا هو naturaloccurrence، منذ السكان غالبا ما ينفقون أكثر خلال فترات التوسعية.
11. المعدل الطبيعي للبطالة 233 - جزء من إجمالي معدل البطالة الذي يعزى إلى البطالة الاحتكاكية والهيكلية. يجب أن يضاف هذا الرقم إلى أرقام العمالة الناقصة للحصول على عرض أكثر واقعية من المعدل الحقيقي للبطالة في أي بلد.
12. اوكون في القانون 295 - ترتبط كل نقطة مئوية إضافية من البطالة الدورية مع نحو زيادة 2 نقطة مئوية في فجوة الناتج.

ICA والأب 8
الإجابة على المقالات التالية:
1. مناقشة قانون اوكون ل.
2. مناقشة الناتج، الركود، والفجوات التوسعية.
3. مناقشة الفرق بين الركود والكساد.
4. مناقشة المعدل الطبيعي للبطالة.

مصادر الإنترنت لهذا الدرس
المراجع العامة
http://www.askmrmovies.com
الركود والكساد

المعدل الطبيعي للبطالة

الدرس التاسع - امتحان منتصف المدة

خطط تافيرو في الدرس اليوم - برنانكي الاقتصاد الكلي - الاقتصادات محاكاة - الدرس عشرة
الدرس 10 - محاكاة للاقتصادات الوطنية
1. سيتم تعيين كل طالب (عشوائيا) دولة. وكل بلد لديها أزمة مالية معينة سيتعين حلها عن طريق التغييرات في السياسة الاقتصادية المختلفة. وستستند بعض الأزمات على الحوادث التاريخية الحقيقية وغيرها سوف تكون خيالية بحتة. سوف الطالب تقديم توصيات إلى قادة كل بلد لضبط مختلف العوامل الاقتصادية مثل أسعار الفائدة والضوابط التضخمية. مشاكل إضافية قد تكون لمرة واحدة الحوادث الكارثية التي تدمر الاقتصادات الحالية. سيتم البطالة الهائلة، الدين القومي الهائل والحروب والمرض واسع، الزلازل والفيضانات وفترات الركود، والكساد الاقتصادي، وغيرها من الأحداث التي تؤثر سلبا يحتمل تطبيقها على كل البلاد. المدرب قد تختار أن تضع فرق الاقتصادية معا من أجل هذه المحاكاة أو لديك أن يكون كل طالب وحده تماما في محاكاة بهم.
2. المتغيرات التي ستنظر فيها الفرد أو فريق:
أ. أسعار الفائدة - انخفاض معدلات = تسهيل الوصول إلى القروض، وارتفاع معدلات يخفض الوصول
ب. التضخم - قد يكون التضخم المنخفض علامة على الركود والتضخم المرتفع، علامة على وجود الاقتصاد محموما أو واحد هو أن موزعة.
ج. البطالة - البطالة المنخفضة يشير عموما اقتصاد سليم، في حين أن ارتفاع معدل البطالة عادة المنهكة للاقتصاد.
د. الاستقرار السياسي - الحكومات غير المستقرة تميل إلى أن تكون الاقتصادات غير المستقرة
ه. يجب أن تكون متوازنة مع تنويع العملات القوية - قيمة العملة
و. الدين الوطني - يجب أن تبقى إلى أدنى حد ممكن حتى يمكن تحقيق فائض

ز. الحروب - عادة تضر الاقتصاد
ح. الأوبئة - ضارة على جميع المستويات من الاقتصاد
ط. الزلازل - يمكن أن يكون مدمرا للاقتصاد (اليابان)
ي. الفيضانات - يجب أن تسيطر مثل الهند والصين لخفض تأثير على الاقتصادات
ك. الركود - الدورة الطبيعية في مجال الأعمال التجارية
لتر. المنخفضات - واقعة غير طبيعي في الدورة الطبيعية للأعمال
م. النزل المفرطة أو الخدمات الاجتماعية - استنزاف مستمر على الاقتصادات صحية
ن. الإنفاق العسكري المفرط - استنزاف مستمر على الاقتصادات صحية
3. سيقوم الطلاب أو الفرق لديها أسبوع واحد للتوصل إلى حلول لهذه المشكلة الظرفية في كل بلد.
4. سوف المدرب بتقييم الحلول للطالب أو فريق بناء على طلب معقول من مبادئ الاقتصاد الكلي تطبيقها على الوضع.

10 HWو ICA

الإجابة على المقالات التالية:
1. كيف يمكنك تغيير أسعار الفائدة للحد من التضخم؟
2. كيف يمكنك خفض الدين القومي (أي الدولة)؟
3. كيف يمكنك تصحيح المفرطة المعاشات والخدمات الاجتماعية؟
4. كيف يمكنك تصحيح الإنفاق العسكري المفرط؟

مصادر الإنترنت لهذا الدرس

المراجع العامة

http://www.askmrmovies.com

تخفيض الديون الوطنية

خفض الإنفاق العسكري

خطط الدروس تافيرو من اليوم - برنانكي الاقتصاد الكلي - الإنفاق - أحد عشر

الدرس 11 - الإنفاق والمخرجات على المدى القصير

تكاليف 1. القائمة 246 - تكلفة تغير الأسعار
2. تنظيم الركام الإنفاق 247 - إجمالي الإنفاق المخطط له على السلع والخدمات النهائية
3. استهلاك 250 وظيفة - الإنفاق العلاقة betweenconsumption ومحدداته مثل الدخل المتاح
4. الاستهلاك المستقل 250 - الإنفاق الاستهلاكي أن لا علاقة لمستوى الدخل المتاح
5. الثروة تأثير 250 - الميل للتغيرات في أسعار الأصول يؤثر على ثروة الأسر الأميركية والإنفاق وبالتالي استهلاكهم
6. الميل الحدي للاستهلاك 251 - المبلغ الذي whichconsumption يرتفع عند ارتفاع الدخل القابل للتصرف ب 1 دولار
7. الإنفاق المستقل 253 - جزء من المخطط أن aggregateexpenditure مستقلة من الناتج
8. المستحث الإنفاق 254 - جزء من aggregateexpenditure المخطط الذي يعتمد على الانتاج Y.
9. الإنفاق الخط 254 - خط تبين العلاقة بين التخطيط الإنفاق الكلي والناتج
10.-قصير المدى الناتج التوازن 255 - مستوى الانتاج في Y الذي يساوي إجمالي الإنفاق المخطط (EAP). الناتج المدى القصير التوازن هو مستوى الإنتاج الذي يسود خلال الفترة التي يتم فيها أسعار محددة سلفا
11.-الدخل الإنفاق المضاعف 262 - تأثير زيادة وحدة واحدة في الإنفاق المستقل على المدى القصير والمخرجات التوازن
12. سياسات تحقيق الاستقرار 263 - السياسات الحكومية التي تستخدم للتأثير على الإنفاق الكلي المخطط لها، بهدف القضاء على الثغرات الانتاج
13. السياسات التوسعية 263 - إجراءات السياسة الحكومية تهدف إلى زيادة الإنفاق المخطط له والمخرجات
14. سياسات تقلص 263 - الإجراءات سياسة الحكومة تهدف إلى خفض الإنفاق المخطط له والمخرجات.
15. المثبتات التلقائية 270 - الأحكام الواردة في القانون الذي يعني زيادة تلقائية في الإنفاق الحكومي أو النقصان في الضرائب عند

انخفاض الناتج الحقيقي

11 HWو ICA
الإجابة على الأسئلة المقالية التالية
1. مناقشة عوامل الاستقرار التلقائية.
2. مناقشة سياسات التثبيت الانكماش والتوسع و.
3. مناقشة مضاعف الإنفاق للدخل.
4. مناقشة خط الإنفاق والنفقات والنفقات الناجمة عن الحكم الذاتي.

مصادر الإنترنت لهذا الدرس
المراجع العامة
http://www.askmrmovies.com

المثبتات التلقائية الاقتصادية

الدخل الإنفاق المضاعف

خطط تافيرو في الدرس اليوم - برنانكي الاقتصاد الكلي - الاستقرار في الاقتصاد - اثنا عشر
الدرس 12 - استقرار الاقتصاد ودور FED
1. نظام الاحتياطي الفيدرالي 286 - البنك المركزي للولايات المتحدة؛ المعروف أيضا باسم FED
2. مجلس المحافظين 287 - وقال القيادي في FED، التي تتألف من سبعة حكام يعينهم الرئيس لمدة 14 متداخلة.
3. جنة السوق المفتوحة الاتحادية (CMOF) -287 - وcommitteethat يجعل القرارات المتعلقة بالسياسة النقدية.
4. المصرفية الذعر 288 - والحالة التي الأخبار أو الشائعات من الإفلاس الوشيك واحد أو أكثر من البنوك يؤدي المودعين البنك التسرع في سحب أموالهم. (الآن كل أموال تصل إلى 100،000 دولار لكل منهما مؤمنة من قبل FDIC، مما يعني انها فكرة جيدة لديهم حسابات مصرفية متعددة في هذا المبلغ في العديد من البنوك المختلفة)
5. تأمين الودائع 290 - نظام بموجبها الحكومة تضمن أن المودعين لن تفقد أموالهم.
6. سعر الفائدة الفيدرالية 291 - سعر الفائدة التي bankscharge التجارية بعضها البعض للحصول على قروض قصيرة الأجل جدا.
7. السياسة النقدية القاعدة 301 - يصف كيف يأخذ البنك المركزي عمل في استجابة للتغيرات في حالة الاقتصاد.
8. معدل التضخم المستهدف 301 - هدف FED الطويل الأمد للتضخم
9. الهدف معدل الفائدة الحقيقية 301 - الهدف طويل الأمد لمجلس الاحتياطي الفيدرالي لسعر الفائدة الحقيقي
10. تخصيص محفظة القرار 304 - قرار حول الأشكال التي عقد ثروة الفرد
11. الطلب على النقود 304 - كمية من ثروة الفرد يختار أن يعقد في شكل نقود.
12. المال منحنى الطلب 305 - يوضح العلاقة بين الكمية الإجمالية من المال طالبت M ومستوى الأعمال الاسمي، ط.
13. خصم النافذة الإقراض 312 - الإقراض من احتياطي مجلس الاحتياطي الاتحادي للبنوك التجارية.
14. أسعار الخصم (معدل الائتمان الأولي) 312 - سعر الفائدة أن FED رسوم البنوك التجارية على الاقتراض الاحتياطيات.
15. متطلبات الاحتياطي 313 - الحد الأدنى من القيم التي وضعتها FED لنسب الودائع المصرفية التي يتم السماح للبنوك التجارية للمحافظة عليه.

12 HWو ICA
الإجابة على الأسئلة المقالية التالية
1. مناقشة منحنى الطلب على المال.

2. مناقشة أهمية تأمين على الودائع (CIDF).
3. مناقشة تعقيد محفظة قرارات التخصيص.
4. مناقشة لجنة السوق المفتوحة الاتحادية.

مصادر الإنترنت لهذا الدرس
المراجع العامة
http://www.askmrmovies.com

منحنى الطلب على النقود

لجنة السوق المفتوحة الاتحادية

خطط الدروس تافيرو من اليوم - برنانكي الاقتصاد الكلي - الركام العرض والطلب وسياسة الاقتصاد الكلي - ثلاثة عشر
الدرس 13 - الطلب والعرض الكلي
1. طويلة تشغيل تجميع الإمدادات (SARL) خط 324 - خط عمودي يظهر الناتج المحتمل للاقتصاد (Y).
2. التغيرات الخارجية في الإنفاق 327 - التغيرات في الإنفاق المخطط لها التي لا تسببها التغيرات في الإنتاج أو realinterest معدل
3. تشديد السياسة النقدية 329 - الحالة التي يكون فيها يقلل من FED هدف المدى الطويل المدى بالنسبة لمعدل التضخم
4. تخفيف السياسة النقدية 329 - الحالة التي يكون فيها يثير FED هدف المدى الطويل المدى بالنسبة لمعدل التضخم.
5. الركام توريد المنحنى (CSA) 331 - يوضح العلاقة بين المدى القصير والمخرجات والتوازن Y والتضخم.
6. التضخم صدمة- 336 - تغير مفاجئ في السلوك العادي للتضخم
7. المدى الطويل التوازن - 337 - الحالة التي تكون فيها المدخلات الفعلي يساوي الناتج المحتمل والتضخم الفعلي يساوي التضخم المتوقع ومعدل التضخم المستهدف للبنك الاحتياطي الفيدرالي.
8. المدى القصير التوازن - 337 - الحالة التي يكون فيها هناك أي ثغرة أو فجوة التوسعية الركود.
9. الركام توريد صدمة - 346 - إما صدمة التضخم أو صدمة الناتج المحتمل.

13 HW و ICA
الإجابة على الأسئلة المقالية التالية
1. مناقشة الطويل تشغيل الركام التموين
2. قارن تشديد السياسة النقدية لتخفيف السياسة النقدية.
3. مناقشة الركام توريد المنحنى
4. قارن الطويل تشغيل التوازن مع القصير تشغيل التوازن

مصادر الإنترنت لهذا الدرس
المراجع العامة
http://www.askmrmovies.com

الطويل تشغيل الركام التموين

منحنى العرض الكلي

الدرس 14 - سياسة الاقتصاد الكلي

1. التضخم 357 - انخفاض كبير في معدل التضخم
2. سياسة الاستيعاب 359 - وهي السياسة التي تسمح للآثار صدمة للتحدث
3. التوقعات التضخمية الراسية 363 - عندما توقعات الناس من التضخم في المستقبل لا تتغير حتى لو التضخم مؤقت
4. نسبة التضخم الأساسية 365 - معدل زيادة جميع أسعار باستثناء الطاقة والغذاء
5. مصداقية السياسة النقدية 366 - الدرجة التي يعتقد الجمهور وعود البنك المركزي للحفاظ على انخفاض التضخم، وحتى إذا كان ذلك قد يفرض تكاليف اقتصادية قصيرة الأجل.
6. البنك المركزي الاستقلال 367 - عندما يتم معزول محافظو البنوك المركزية من الاعتبارات السياسية على المدى القصير ويسمح لإلقاء نظرة طويلة الأجل للاقتصاد
7. سياسة جانب العرض 372 - إن السياسة التي تؤثر على الناتج المحتمل
8. معدل الضريبة الهامشية 373 - المبلغ الذي عندما ترتفع الضرائب قبل خصم الضرائب ارتفاع الدخل من دولار واحد
9. متوسط معدل الضريبة 373 - مجموع الضرائب مقسوما على إجمالي الدخل قبل خصم الضرائب
10. داخل الفارق 378 - التأخير بين تاريخ هناك حاجة لتغيير السياسة والتاريخ الفعلي تنفيذه
11. التأخر خارج 379 - التأخير بين تاريخ يتم تطبيق التغيير في السياسة وdateby التي حدثت معظم آثاره على الاقتصاد

14 HWو ICA
الإجابة على المقالات التالية
1. مناقشة الفرق بين التأخر داخل وخارج لفي سياسة الاقتصاد الكلي.
2. مناقشة الفرق بين معدل الضريبة الهامشية ومتوسط معدل الضريبة.
3. مناقشة أهمية استقلال البنك المركزي.
4. مناقشة معدل التضخم الأساسي.

مصادر الإنترنت لهذا الدرس
المراجع العامة
http://www.askmrmovies.com

المعدل الرئيسي للتضخم

التأخر داخل وخارج التأخر في الاقتصاد الجزئي